Índice

1. A natureza do mal 11
    A psicologia clínica e a evocação da *Goetia* 13
    Tabus 15
2. A interpretação iniciática da Mágicka Cerimonial,
   por Aleister Crowley 18
3. O perigo da Alta Mágicka 23
    Com minhas costas contra a parede 25
4. Primeira evocação 28
    Orobas 29
    Um alerta 37
5. História 39
    Teoria 41
    Prática 42
6. Requisitos mínimos 44
    O Templo 44
    O Círculo 45
    O Triângulo 46
    O Selo do Espírito 46
    O Hexagrama de Salomão 47
    O Pentagrama de Salomão 48
    Outros Requerimentos 48

A Vara	48
O Anel ou Disco Mágico	49
A Garrafa de Bronze	50
A Túnica	50
7. A invocação preliminar da *Goetia*	51
A invocação preliminar da *Goetia* (Notas do *Liber Samech*)	52
Hekas Hekas Esti Bebiloi	52
O juramento	52
Ar	54
Fogo	54
Água	55
Terra	55
Espírito	56
A conjuração	57
A primeira conjuração	59
A primeira chave	62
A segunda chave	63
A incumbência do espírito	64
A licença para partir	65
8. Os 72 espíritos	67
Introdução: Da *Goetia*	69
Observações	69
Bael	72
Agares	73
Vassago	74
Samigina	75
Marbas	76
Valefor	77
Amon	78
Barbatos	79
Paimon	80
Buer	81
Gusion	82
Sitri	83

A *Goetia* Ilustrada de Aleister Crowley:
Evocação Sexual

Lon Milo DuQuette
Christopher S. Hyatt, Ph.D.

A *Goetia* Ilustrada de Aleister Crowley: Evocação Sexual

Ilustrada por:
David P. Wilson

Tradução:
André Oídes

MADRAS

Publicado originalmente em inglês sob o título *Aleister Crowley's Illustrated Goetia: Sexual Evocation* pela The Original Falcon Press.
© 1992, The Original Falcon Press.
Direitos de edição e tradução para todos os países de língua portuguesa.
Tradução autorizada do inglês.
© 2019, Madras Editora Ltda.

Editor:
Wagner Veneziani Costa

Produção e Capa:
Equipe Técnica Madras

Tradução:
André Oídes

Revisão da Tradução:
Jefferson Rosado

Revisão:
Jane Pessoa
Sônia Batista

Dados Internacionais de Catalogação na Publicação (CIP)
(Câmara Brasileira do Livro, SP, Brasil)

DuQuette, Lon Milo, 1948- .
A Goetia ilustrada de Aleister Crowley : evocação sexual / Lon Milo DuQuette, Christopher S. Hyatt ; ilustrada por David P. Wilson ; tradução André Oídes. – São Paulo : Madras, 2019.
Título original: Aleister Crowley's illustrated Goetia : sexual evocation.
Bibliografia
2 ed.

ISBN 978-85-370-0653-5

1. Feitiçaria e sexo 2. Magia 3. Ritos e cerimônias I. Hyatt, Christopher S. II. Wilson, David P. III. Título.

11-00872   CDD-133.442

Índices para catálogo sistemático:

1. Feitiçaria e sexo : Ritos e cerimônias : Ocultismo 133.442

É proibida a reprodução total ou parcial desta obra, de qualquer forma ou por qualquer meio eletrônico, mecânico, inclusive por meio de processos xerográficos, incluindo ainda o uso da internet, sem a permissão expressa da Madras Editora, na pessoa de seu editor (Lei nº 9.610, de 19/2/1998).

Todos os direitos desta edição, em língua portuguesa, reservados pela

MADRAS EDITORA LTDA.
Rua Paulo Gonçalves, 88 — Santana
CEP: 02403-020 — São Paulo/SP
Caixa Postal: 12183 — CEP: 02013-970
Tel.: (11) 2281-5555 — Fax: (11) 2959-3090
www.madras.com.br

Agradecimentos

Os autores desejam agradecer a James Kababick, James Wasserman, Douglas James e I. Z. Gilford por sua inestimável assistência na produção deste livro.

Beleth	84
Leraje	85
Eligos	86
Zepar	87
Botis	88
Bathin	89
Sallos	90
Purson	91
Marax	92
Ipos	93
Aim	94
Naberius	95
Glasia-Labolas	96
Buné	97
Ronové	98
Berith	99
Astaroth	100
Forneus	101
Foras	102
Asmoday	103
Gaap	104
Furfur	105
Marchosias	106
Stolas	107
Phenex	108
Halphas	109
Malphas	110
Raum	111
Focalor	112
Vepar	113
Sabnock	114
Shax	115
Viné	116
Bifrons	117
Uvall	118
Haagenti	119

Crocell 120
Furcas 121
Balam 122
Alloces 123
Camio 124
Murmur 125
Orobas 126
Gremory 127
Osé 128
Amy 129
Oriax 130
Vapula 131
Zagan 132
Volac 133
Andras 134
Haures 135
Andrealphus 136
Cimejes 137
Amdusias 138
Belial 139
Decarabia 140
Seere 141
Dantalion 142
Andromalius 143

9. A evocação da *Goetia* e os tipos psicológicos 144
   Tipos de pessoas e tipos de espíritos 145

10. EnTraNDo eM TraNsE e O ÊxTasE SeXuAL: e vocação da *Goetia* e o orgasmo da morte 148
   Seu transe sexual 149
   Alguns pensamentos para se ter em mente 150

Apêndice 151
   Ritual menor de banimento do Pentagrama 157
   A Cruz Cabalística 157
   Banimento 157
   Finalização 158

Capítulo Um

A natureza do mal

O propósito desta seção é estimular, por meio da metáfora e da analogia, uma compreensão das operações *goéticas* e do conceito do Mal. Pela metáfora, podemos apenas pintar um quadro. As formas e cores só podem ser percebidas por meio da meditação sobre as metáforas e a realização da própria obra. Não há substitutos para esta última e, embora muitos não tenham praticado a evocação goética da forma como esta é classicamente descrita, eles evocaram "sem saber", repetidas vezes, as mesmas poderosas forças e demônios que tanto os ajudaram quanto atrapalharam.

Assim como muitos de vocês, eu "inventei" meus próprios rituais e dei meus próprios nomes a essas forças. Às vezes dei a elas nomes próprios como John, meu vizinho, quando sua TV está alta demais. Outras vezes, chamei essas forças de mãe, amigo, o sistema "Isto" ou "eu".

Às vezes me beneficiei ao "chamar" esses "Nomes" e às vezes sofri. Contudo, nem o benefício nem a dor me fizeram rejeitar os "uivos"[1] e simplesmente buscar apenas o conforto da "*Alta Mágicka*".* Se é que tomo o partido de alguma coisa, é da aceitação de *tudo* (exceto, talvez, da

---

1."*Goetia* significa 'uivo'; mas esta é a palavra técnica empregada para cobrir todas as operações daquela *mágicka* que lida com forças grosseiras, malignas ou não iluminadas."
– Aleister Crowley

*N.T.: O termo *mágicka* refere-se ao neologismo inglês *magick*, cunhado por Aleister Crowley para referir-se a seu sistema de magia.

hipocrisia demonstrada por muitos magistas e místicos que buscam a luz fugindo da escuridão).

A *Goetia* é às vezes considerada como um curinga, algo que pode sair do controle, que expressa os desejos mais baixos do operador de controlar os outros e melhorar sua própria vida pessoal. E, de fato, esta potencial perda de controle, este perigo, o desejo de melhoria pessoal e grande poder é exatamente o que atrai muitas pessoas para a *Goetia*, enquanto deixa horrorizadas e repele outras. Muitos rotulam a *Goetia* como simplesmente o mal.

Encontrar o mal é um trabalho fácil. Simplesmente olhe para seu amigo, esposa, marido, mãe, pai, ou, aliás, para o "cara" da porta ao lado. A prática da *Goetia* é aquele outro cara, algo escuro, misterioso e poderoso, algo que diz ao mundo que você está interessado em si mesmo, na maestria, bem como na rendição (ver o Capítulo Dois em *Sex Magick, Tantra & Tarot: The Way of the Secret Love* [Mágicka sexual, tantra & Tarô: o caminho do amor secreto], The Original Falcon Press, para uma explicação da rendição e da maestria).

Aqueles que repudiam e temem a si próprios, frequentemente, consideram as práticas *goéticas* como um mal do pior tipo. A *Goetia* é frequentemente considerada um convite à loucura, à liberação de forças devoradoras e amedrontadoras. O que a *Goetia* é – é a liberação de você mesmo de seus próprios medos e ilusões por meio do confronto direto. A evocação *goética* é um convite para flertar com a relação de ambiguidade entre a "mente" e a "matéria". Lembre-se, ninguém conhece a verdadeira natureza ou as ações de qualquer uma delas, e portanto todos os argumentos quanto à "realidade" dos espíritos *goéticos* são especulativos e abertos à revisão.

Permanece a questão: o que é o mal? Alguns especialistas acreditam que ele é a realização intencional de danos sem redenção. Enquanto esta definição pode dar aos especialistas um senso de conforto, a mim ela dá pouco. É muito fácil brincar com palavras e ideias. Por exemplo, de acordo com essa definição, Hitler poderia não ser considerado mau, uma vez que algumas pessoas acreditam que sem sua perseguição aos judeus Israel não teria sido fundada no fim dos anos 1940. Há sempre algum "bem" que nossa mente louca por "ordem" e "causas" pode encontrar para racionalizar ou justificar um evento horrível ou infeliz.

O mal é uma "exteriorização" e "objetivação" de algo temível, horripilante ou diferente. O mal pode ser um rótulo para algo tão simples quanto uma pessoa ou um objeto que nos frustra. O mal é dor.

O mal é o inimigo. O mal são os deuses de outros homens. O mal são os terrores da noite. O mal é o esmagador sentimento de desmoronar. Contudo, todas essas imagens são contrassensos. O mal, assim como outras ideias, existe porque nós, como humanos, existimos. A natureza não conhece o Mal, nem o Bem, nem, aliás, a Lei. Estas são criações da mente humana, "explicações" que nos ajudam a aquietar os "terrores da noite". A mente humana exige a crença em "sua" ideia de "ordem" unicamente pelos propósitos da mente humana. Assim, a natureza do mal é a mente humana.

Cada um de nós é cheio de dúvidas, frustrações, medos e ansiedades. Esses demônios da alma são as partes ocultas de nosso eu. Eles são o eu repudiado, assim como a *Goetia* é a parte frequentemente repudiada da *Mágicka*. Nós normalmente não apresentamos nosso lado escuro aos outros. Raramente alguém lhe dirá seus próprios pontos fracos, e muito menos suas preocupações mais profundas. É muito mais fácil e frequentemente menos doloroso encontrar a escuridão fora de si mesmo.

Aquilo que apresento ao mundo, ou, aliás, aquilo que qualquer pessoa apresenta, é, na melhor das hipóteses, uma imagem ideal bem construída, algo desejado, esperado, algo que meu cérebro e minha cultura ajudaram a criar. Nossa máscara é uma ilusão, um pedaço da verdade, necessário, mas ainda assim apenas um pedaço da verdade.

A PSICOLOGIA CLÍNICA E A EVOCAÇÃO DA *GOETIA*

A psicologia, particularmente a psicologia terapêutica, lida com os medos e dúvidas das pessoas. Os psicólogos rotulam muitos desses medos como patologia. Os psicólogos seguiram cuidadosamente os passos do padre, que à sua maneira não científica simplesmente rotulava essas coisas como males ou possessões demoníacas. *O psicólogo clínico ordinário não é mais científico que o padre.*

Nas profundezas da caverna psicoterapêutica, o terapeuta ajuda o paciente a evocar as partes rejeitadas e escondidas de sua psique. O maior perigo para o terapeuta, e para o paciente, é a contratransferência do terapeuta. Quando essa contratransferência permanece inconsciente ou fica "fora de controle", a terapia se torna perigosa e ineficaz. Os complexos (demônios) de ambos, terapeuta e paciente, misturam-se em um caldeirão arcaico. Pensa-se que todos os tipos de perigos estão à espreita. O sexo torna-se uma forte possibilidade; o mesmo ocorre com as explosões de violência. Lembre-se, pensa-se que esses perigos sejam um resultado da perda de controle por parte do terapeuta (o operador), de seus próprios processos inconscientes, fantasias idealizadas, desejos insatisfeitos e características reprimidas. Quando isto acontece, acredita-se que tanto o terapeuta quanto o paciente estão à deriva em um mar tempestuoso, em um barco salva-vidas que está afundando.

Os medos e horrores da contratransferência são tão grandes que muitas leis estaduais proíbem explicitamente "relacionamentos duais" entre terapeuta e paciente; isto é, o terapeuta e o paciente não podem se envolver mutuamente em relacionamentos fora da segurança do modelo terapêutico. Os relacionamentos duais são considerados como o passar dos limites dos papéis entre o terapeuta e o paciente. Acredita-se que são necessários limites estritos entre o paciente e o terapeuta tendo em vista a cura do paciente. Isso se baseia na teoria de que a doença do paciente foi causada pela quebra de limites apropriados na infância.

A situação psicoterapêutica contém limites estritos dispostos por lei, por precedentes históricos e pela teoria.

O terapeuta torna-se um espelho para o paciente, no qual as aspirações e ideais mais elevados do paciente, bem como suas qualidades "sombrias" repudiadas, podem ser projetados. Alguns acreditam que a "superação" tanto das ilusões "sombrias" quanto das ilusões "ideais" seja fundamental para que o paciente enxergue a si próprio bem como os outros corretamente, em vez de enxergar as imagens e fantasias distorcidas originadas e fixadas na infância.

A decepção que o paciente sente quando suas ilusões são esmagadas pode ser devastadora. Quando suas ilusões sobre o terapeuta são esmagadas, suas autoilusões são ameaçadas. O paciente fica tanto irritado quanto deprimido. Se o terapeuta é um bom "operador", ele sabe como ajudar o paciente a "esmagar" suas ilusões. Ele ajuda o paciente a se livrar de suas projeções e cisões. Ele sabe como ajudar o paciente a perceber que o terapeuta tem tanto qualidades "boas" quanto "más", e que essas diversas qualidades podem residir na mesma pessoa ao mesmo tempo. O terapeuta não tem de ser cultuado nem rejeitado. O "ou isto ou aquilo" é a doença. Uma vez que o paciente perceba isso, ele também "sabe" que a mesma verdade se aplica a si próprio. Ele não é nem seu ideal nem sua escuridão. Estas compreensões óbvias, contudo, não podem ocorrer de uma maneira calma e objetiva; para que a resolução ocorra, ela frequentemente se manifesta no calor, e às vezes na exaustão, da emoção intensa. Poder e força são necessários, e se este fato se manifesta no sentimento ou no comportamento extremos ou simplesmente em disposições de ânimo e testes "neuróticos", isto importa pouco. O que importa é apenas que eles se manifestem, e o operador, pela definição da situação, deve estimulá-los e controlá-los de algum modo. Ele frequentemente os estimula mediante a quebra de um tabu, seja de fato ou por implicação. Ele frequentemente provoca e suborna o paciente para que este seja "travesso".

Às vezes, o paciente é o operador e o terapeuta é o receptor. De fato, estes papéis mudam, mas não de uma maneira simples. O terapeuta às vezes fica "passivo" – apenas recebendo do paciente. Outras vezes, o terapeuta é "ativo", enquanto o paciente recebe imagens e as comunica de volta ao terapeuta em formas disfarçadas.

O que você acaba de ler pode soar contraditório: limites estritos, violações deliberadas de limites, a própria situação dando ensejo a testes de limites, limites firmes, limites fluidos. Em algum sentido, tudo isto soa bastante "louco": projeção, ilusão, realidade, limites, violações de confiança libertando uma pessoa da prisão de sua alma. Ainda assim, embora isso soe estranho e frequentemente não científico, se for realizado de maneira apropriada, os resultados desejados podem ocorrer. E, novamente, quais são esses resultados? Uma pessoa ajudando outra a alcançar aquilo que ela mais desesperadamente deseja, e ao mesmo tempo mais desesperadamente teme: controle sobre sua própria vida, livrar-se de ilusões devastadoras e repetitivas, livrar-se de reviver o passado repetidamente no presente. A terapia real ensina ao paciente como abraçar a totalidade de sua vida, não rejeitando nada, enxergando as limitações de seus ideais bem como a utilidade de suas fraquezas. A terapia real ensina a arte da violação, a quebra de tabus, a abertura dos portões tanto do céu quanto do inferno. A terapia real ensina estilo.

TABUS

Os limites podem ser pensados como tabus (ver *Taboo: Sex, Religion & Magic* [Tabu: sexo, religião & magia], The Original Falcon Press). Tabus são atos, lugares e coisas que ninguém, exceto talvez o sacerdote, pode tocar sem punição. Tabus são "sujos". As pessoas que quebram tabus são consideradas sujas e más. Porém, em nossa sociedade, não é "suja" a escuridão que atrai atenção? O coletor de lixo é bem pago para remover os resíduos do viver. O funcionário de banco que manuseia centenas de milhares de dólares "sujos" recebe um salário menor que o do coletor de lixo. Qual é a natureza da sujeira, daquilo que é comum, que é ao mesmo tempo valorizado e desprezado por tantos? O dinheiro pode cumprir as ordens de qualquer um que o possua. O próprio dinheiro é apenas uma ilusão compartilhada. Ele não tem nenhum valor, exceto aquele que as pessoas lhe atribuem, e não tem nenhum poder, exceto por aquilo que as pessoas fazem com ele. A fluidez, a maleabilidade e a indiferença do dinheiro lhe dão um poder diferente de quase todo outro poder no mundo. O dinheiro estabelece limites e os destrói. O próprio dinheiro não se importa. E neste sentido, o dinheiro é semelhante aos demônios da *Goetia*. Eles trabalharão para qualquer um que saiba como usá-los. Este é um dos horrores que as pessoas atribuem aos trabalhos de *Goetia*. Você "não tem de ser respeitável" para que a *Goetia* funcione para si. Diferentemente de outros trabalhos magísticos, não há nenhuma implicação de que o operador tenha de ser "bom" e "santo" para obter resultados. Esta ideia em si mesma viola nosso modelo de "certo" e "errado", "justo" e "injusto". No mundo *goético*, assim como no mundo real, os "maus" podem prosperar e o fazem. Assim, nossa crença na ordem moral do universo parece ser violada pela simples existência de espíritos que cumprirão as ordens de qualquer pessoa.

A evocação *goética* é o lado "menos respeitável" e rejeitado da *mágicka*. Ela é o trabalho do coletor de lixo. Mas ela é também o lado mais íntimo da *mágicka*. Ela ensina o estabelecimento de limites, de testes, do suborno, da mentira e do engano. Ela fornece ao operador e ao receptor visões, sugestões e intuições. Ela atualiza aquilo que está escondido, o escuro, o ganancioso, o necessitado, o poderoso e o belo.

A evocação *goética* pode ser bastante desapontadora, e às vezes até mesmo horripilante, mas ela nunca pode ser tediosa. Diferentemente de uma criança, que determina o valor de seu conhecimento pela aprovação ou desaprovação de uma "autoridade superior", nós aprendemos o valor de nosso trabalho *goético* por meio do sucesso ou falha de nosso próprio trabalho. Os espíritos *goéticos* **não** são os mestres do magista, mas seus servos. Nós não confiamos nos próprios espíritos para nos dizer que fomos bem. O trabalho da *Goetia* é mais "científico" do que outras formas de *mágicka*, em termos de nossa habilidade de medir seus efeitos e, em alguma medida, repetir nossos resultados.

Os trabalhos *goéticos* também podem ser potencializados pelo uso da hipnose e do sexo. O transe e a "exaustão" resultantes do êxtase sexual são métodos perfeitos de preparar a mente para receber informações mais poderosas e significativas.

Neste livro sobre a *Goetia*, fornecemos ao estudante um texto fácil de se usar, sobre como começar e se tornar um especialista na evocação da *Goetia*. Incluímos imagens dos espíritos da *Goetia*, não para limitar o estudante, mas para estimular a imaginação dele ou dela. Organizamos o texto de modo que o estudante não tenha de percorrer dúzias de páginas para encontrar aquilo que deseja ou de que necessita.

Igualmente importante, fornecemos uma técnica para o trabalho sexual dos espíritos da *Goetia*. Este é um método muito poderoso e sensual. Não tenho dúvida de que alguns leitores ficarão aterrorizados e horrorizados com o poder potencial que estas técnicas irão liberar. Sentimos, contudo, que, se você deseja praticar *mágicka,* deveria praticá-la em sua plenitude. Foram fornecidas técnicas de proteção, e os perigos reais encontram-se mais na mente do que no uso dos métodos.

Capítulo Dois
A interpretação iniciática da Mágicka Cerimonial

por Aleister Crowley

É soberbamente divertido para o estudante da literatura *magística* que não seja um completo tolo – e rara é tal combinação! – notar a crítica dirigida pelos filisteus contra a cidadela de sua ciência. É verdade que, uma vez que nossa infância incutiu em nós não apenas a crença literal na Bíblia, mas também uma crença substancial nas *Alf Laylah wa Laylah* (*As Mil e Uma Noites Árabes*), e que somente a adolescência pode nos curar, somos por demais suscetíveis, no ímpeto e energia do alvorecer da idade adulta, a depor áspera e temerariamente ambos estes clássicos, a considerá-los ambos no mesmo nível, como documentos interessantes do ponto de vista do folclore e da antropologia, e como nada além disto.

Mesmo quando aprendemos que a Bíblia, por meio de um estudo profundo e minucioso do texto, pode ser forçada a render arcanos cabalísticos de escopo e importância cósmicos, frequentemente somos lentos demais em aplicar uma semelhante medida restauradora ao volume acompanhante, mesmo que tenhamos a sorte de sermos detentores da edição confiável de Burton.

Resta-me, portanto, elevar mais uma vez as *Alf Laylah wa Laylah* ao lugar que lhes é próprio.

Não estou preocupado em negar a realidade objetiva de todos os fenômenos "*magísticos*"; se eles são ilusões, são ao menos tão reais quanto muitos fatos não questionados da vida diária; e se seguirmos Herbert Spencer, eles são pelo menos evidências de alguma causa.[2]

Ora, este fato é nossa base. Qual é a causa de minha ilusão de ver um espírito no triângulo da Arte?

Todo vago conhecedor e todo especialista em psicologia responderá: "A causa jaz em seu cérebro."

Ensina-se às crianças inglesas (*pace* o Ato Educativo) que o Universo jaz no espaço infinito; às crianças hindus, no Akasha, o que é a mesma coisa.

Aqueles europeus que se aprofundam um pouco mais aprendem de Fichte que o universo fenomênico é a criação do Ego; aos hindus, ou aos europeus que estudam com gurus hindus, é dito que Akasha significa Chitakasa. A Chitakasa está situada no "Terceiro Olho", isto é, no cérebro. Assumindo dimensões superiores do espaço, podemos assimilar este fato ao realismo; mas não temos necessidade de criar tanta dificuldade.

Sendo isto verdadeiro para o universo ordinário, que todas as impressões dos sentidos são dependentes de mudanças no cérebro,[3] devemos incluir as ilusões, que são, afinal, impressões dos sentidos tanto quanto o são as "realidades", na classe dos "fenômenos dependentes de mudanças do cérebro".

Os fenômenos magísticos, contudo, se inserem em uma subclasse especial, uma vez que são intencionados, e sua causa é uma série de fenômenos "reais" chamados de operações da magia cerimonial.

Estes consistem em:

(1) Visão.
O círculo, quadrado, triângulo, recipientes, luminárias, vestimentas, implementos, etc.
(2) Audição.
As invocações.
(3) Olfato.
Os perfumes.
(4) Paladar.
Os Sacramentos.

---

2. Incidentalmente, este é talvez o maior argumento que possuímos, levado ao seu extremo, contra as teorias advaitistas.
3. O pensamento é uma secreção do cérebro (Weissman). A consciência é uma função do cérebro (Huxley).

(5) Tato.
O mesmo que em (1).
(6) Mente.
A combinação de todos estes e a reflexão sobre seu significado.

Essas impressões incomuns (1-5) produzem mudanças incomuns no cérebro; portanto, seu sumário (6) é de um tipo incomum. Sua projeção de volta ao mundo aparentemente fenomênico é portanto incomum.

Nisto consiste então a realidade das operações e dos efeitos da magia cerimonial,[4] e concebo que a apologia é ampla, na medida em que os "efeitos" referem-se somente àqueles fenômenos que aparecem ao próprio magista: a aparição do espírito, sua conversação, possíveis choques derivados da imprudência, e assim por diante, até mesmo o êxtase, por um lado, e a morte ou a loucura, por outro.

Mas qualquer dos efeitos descritos neste nosso livro *Goetia*[5] pode ser obtido, e em caso afirmativo, você pode fornecer uma explicação racional das circunstâncias? Diz que sim?

Eu posso, e o farei.

Os espíritos da *Goetia* são porções do cérebro humano.

Seus selos representam, portanto (o cubo projetado do Sr. Spencer), métodos de estimular ou regular essas regiões particulares (através do olho).

Os nomes de Deus são vibrações calculadas para estabelecer:

(a) Controle geral do cérebro. (Estabelecimento de funções relativas ao mundo sutil.)

(b) Controle sobre o cérebro em detalhes. (Categoria ou tipo do espírito.)

(c) Controle de uma porção especial. (Nome do espírito.)

Os perfumes auxiliam nisto por meio do olfato. Normalmente o perfume tenderá apenas a controlar uma área ampla; mas há uma atribuição de perfumes às letras do alfabeto, permitindo que o indivíduo, por meio de uma fórmula cabalística, soletre o nome do espírito.

Não preciso entrar em uma discussão mais particular destes pontos; o leitor inteligente pode facilmente suprir o que está faltando.

Se digo, então, com Salomão:

"O espírito Cimieries ensina lógica", o que quero dizer é:

---

4. Além de seu valor para a obtenção de uma concentração focada em um só ponto. Sobre este assunto, os curiosos podem consultar meu בראשית.
5. O texto completo está disponível pela Magickal Childe Publishing, NY, 1991. [Ed.]

"Aquelas porções do meu cérebro que servem às faculdades lógicas podem ser estimuladas e desenvolvidas pela realização do processo chamado 'A Invocação de Cimieries'."

E este é um enunciado racional puramente materialista; ele é totalmente independente de qualquer hierarquia objetiva. A filosofia não tem nada a dizer; e a ciência pode apenas suspender o juízo, aguardando uma investigação adequada e metódica dos fatos alegados.

Infelizmente, não podemos parar aqui. Salomão nos promete que podemos (1) obter informações; (2) destruir nossos inimigos; (3) compreender as vozes da natureza; (4) obter tesouros; (5) curar doenças, etc. Adotei estes cinco poderes de maneira aleatória; considerações de espaço me proíbem de explicar todos.

(1) Traz à baila fatos do subconsciente.
(2) Aqui chegamos a um fato interessante. É curioso notar o contraste entre os meios nobres e os fins aparentemente vis dos rituais magísticos. Estes últimos são disfarces para verdades sublimes. "Destruir nossos inimigos" é perceber a ilusão da dualidade, estimular a compaixão.
(Ah! Sr. Waite, o mundo da magia é um espelho, no qual aquele que enxerga imundície é a imundície.)
(3) Um naturalista cuidadoso compreenderá muito das vozes dos animais que ele estudou por muito tempo. Até mesmo uma criança conhece a diferença entre o miado e o ronronar de um gato. A faculdade pode ser enormemente desenvolvida.
(4) A capacidade para os negócios pode ser estimulada.
(5) Estados anormais do corpo podem ser corrigidos, e os tecidos envolvidos podem ser trazidos de volta ao seu tônus, em obediência a correntes iniciadas no cérebro.

E assim é para todos os outros fenômenos. Não há nenhum efeito que seja verdadeira e necessariamente milagroso.

Nossa magia cerimonial se reduz, portanto, a uma série de experimentos fisiológicos minuciosos, embora, é claro, empíricos, e quem quer que os realize de maneira inteligente não precisa temer o resultado.

Tenho toda a saúde, os tesouros e a lógica de que necessito; não tenho nenhum tempo a perder. "Há um leão no caminho." Para mim estas práticas são inúteis, mas para o benefício de outros menos afortunados, eu as dou ao mundo, juntamente com esta explicação e apologia delas.

Confio em que a explicação permitirá a muitos estudantes que até então, por uma objetividade pueril em sua visão da questão, não obtiveram nenhum resultado, terem sucesso; que a apologia possa causar em nossos desdenhosos homens de ciência a impressão de que o estudo do bacilo deva dar lugar ao do báculo, o pequeno ao grande – o quão grande, alguém só percebe quando identifica a vara com o Mahalingam,[6] pelo qual Brahma subiu voando à razão de 84.000 *yojanas* por segundo durante 84.000 *mahakalpas*, e pelo qual Vishnu desceu voando à razão de 84.000 *crores* de *yojanas* por segundo por 84.000 *crores* de *mahakalpas* – e ainda assim nenhum dos dois chegou ao fim.

Mas eu cheguei ao fim.

Casa Boleskine,
Foyers, N. B.

---

6. O falo de Shiva, o Destruidor. Ele é realmente idêntico ao "Pilar do Meio" da "Árvore da Vida" cabalística.

Capítulo Três
O perigo da Alta Mágicka

(...) o único Ritual Supremo é a obtenção do Conhecimento e da Conversação do Santo Anjo Guardião. Ele é a elevação do homem completo em uma linha reta vertical.

Qualquer desvio dessa linha tende a se tornar magia negra. Qualquer outra operação é magia negra (...) se o magista precisa realizar qualquer outra operação além desta, ela só é legítima à medida que é uma preliminar necessária para aquela Única Obra.

– Aleister Crowley, *Mágicka em Teoria e Prática*

Não é nenhum segredo que, para muitos estudantes modernos do esoterismo, a *Goetia* tem uma reputação decididamente sombria. Em uma escala de práticas espirituais, pode-se encontrar a *Goetia* interposta entre os "Pactos com o Diabo" e o "vício do Tabuleiro Ouija".*

Essa atitude é compreensível. Afinal, a *Goetia* é a conjuração intencional de seres espirituais que são, por definição, anjos caídos, espíritos malignos e demônios!

Esses espíritos *maliciosos* são chamados de suas residências infernais para agir como servos pessoais do magista *goético*, a fim de

---

*N.E.: Sugerimos a leitura de *Aleister Crowley e o Tabuleiro Ouija*, de J. Edward Cornelius, Madras Editora.

estender o poder deste último e executar a vontade dele na Terra. O mágico deve estar sempre vigilante quanto às artimanhas dos espíritos. Se ele for inepto ou perder o controle, mesmo que por um instante, corre o risco de ser obsedado, possuído ou mesmo destruído. Isto soa desconfortavelmente como *mágicka* negra.

Tal comportamento encontra-se certamente abaixo da pureza altruísta de propósitos que caracteriza a busca e as disciplinas da Alta *Mágicka*, e pode servir apenas para trazer à tona as qualidades mais baixas do caráter do praticante...

Isto é o que diz o argumento contra a evocação *goética*, e até onde ele vai, este é um ponto bem observado.

Sim, os espíritos em questão pertencem à variedade "infernal". Mas o que isto significa exatamente? Se adotarmos por um momento a nomenclatura popular de *Alta Mágicka*, "infernal" diz respeito ao estrato subconsciente da psique humana. Os *espíritos* que habitam essas regiões seriam então as personificações de poderes ou energias que jazem enterradas em nossas mentes subconscientes – qualidades de nossa consciência que repudiamos. Eles são *caídos* porque fugiram do controle consciente da divindade – nós mesmos.

Sim, eles são perigosos porque enquanto permanecem não dominados podem vir à tona sem receberem ordens e causar todo o dano que a psicologia moderna atribui às "coisas escondidas na mente subconsciente".

Quanto à acusação de que tais práticas trazem à tona as piores qualidades do caráter do magista, o praticante *goético* declara-se "culpado", apontando que este é precisamente o propósito dessa variedade de evocação. Se essas qualidades rejeitadas não forem trazidas à tona, identificadas e controladas, o magista, como o restante da humanidade, estará condenado a estar à mercê e ao capricho de seus próprios *demônios* subconscientes, nunca recebendo a oportunidade de subjugar esses habitantes da sua jaula psíquica.

Mas será que os espíritos da *Goetia* são simplesmente componentes subjetivos da mente do magista, ou será que há realmente uma qualidade objetiva independente em suas naturezas? Esta questão fundamental pode nunca receber uma resposta satisfatória, por causa do fato de que ninguém compreende realmente a natureza da "matéria". Mas uma coisa é certa: alguém que nunca experimentou uma evocação *goética* não está qualificado para emitir sequer a opinião mais educada sobre o assunto. Uma coisa é ter lido bastante sobre um assunto; outra coisa bastante diferente é ser parte do próprio assunto.

É um fato infeliz de que há muitos indivíduos que fazem da *mágicka* sua *vida*, sem nunca tornarem sua vida *mágicka*. Até mesmo os mais talentosos e brilhantes expositores da Arte às vezes perdem isto de vista e se concentram, ao contrário, em aspectos históricos e técnicos do assunto, a tal ponto que ignoram completamente a sua relevância para sua vida e felicidade diárias.

À luz desse fato, sinto que seria útil relatar as circunstâncias em torno de minha primeira evocação *goética*. Peço a atenção do leitor para o que se segue, pois sinto que contém muitos dos principais componentes necessários para uma evocação *goética* bem-sucedida. (Omiti o nome de minha antiga "professora de *mágicka*", pois este seria reconhecido por um grande número de leitores.)

COM MINHAS COSTAS CONTRA A PAREDE

Era 1975 e nunca havia estado tão desesperado em minha vida. Minha decisão de encerrar uma carreira "bem-sucedida" de 14 anos na música havia sido uma decisão de vida ou morte – as minhas. Tratava-se de continuar com um estilo de vida que estava destruindo minha saúde e meu relacionamento com minha esposa e meu jovem filho, ou arriscar não ser capaz de sustentá-los. Eu não fora treinado para nada prático. Até mesmo minha educação superior, tal como era, era como um diplomado em Drama. Os poucos trocados que ainda recebia de direitos de gravação e lições de violão não eram suficientes para nos alimentar, e muito menos pagar o aluguel e as contas. Eu não tinha nenhum emprego, nenhum carro, nenhuma perspectiva... nenhuma esperança.

Um dos poucos pontos luminosos que caracterizaram esse período foi minha descoberta dos escritos de Aleister Crowley e meu envolvimento com as disciplinas da *mágicka* cerimonial.

Desde meados dos anos 1960 eu havia sido um estudante do misticismo oriental e do hermetismo ocidental, e meus interesses haviam finalmente me posto em contato com uma sociedade magística que acreditava extinta havia muito. Eu me envolvi apaixonadamente com esse grupo e posteriormente me tornei aluno de uma de suas oficiais mais antigas.

Uma mulher encantadora de seus cinquenta anos continuamente me impressionava com aquilo que eu percebia ser sua abordagem lógica e equilibrada do assunto da *mágicka*. O professor dela havia sido um aluno pessoal de Aleister Crowley e até mesmo um residente da famosa (ou infame) Abadia de Thelema em Cefalú, na Sicília, nos anos 1920. Eu estava excitado por ser um elo em tal cadeia magística histórica, e minhas práticas espirituais se tornaram o foco total de minha vida. Periodicamente minha professora revisava meus diários e nós mantínhamos uma correspondência constante. Eu também a visitava sempre que podia.

No entanto, minha situação deteriorada no plano material era uma fonte de grande ansiedade, e a distração inevitavelmente começou a afetar minha habilidade de me concentrar em minhas práticas "espirituais".

Qual era a utilidade de todo esse estudo se eu não podia usá-lo de modo prático para melhorar minha vida? Minha professora me advertia para não misturar os planos. "Se você precisa de um emprego, saia e arranje um emprego", escreveu ela. "Aprenda a andar antes de tentar correr." Realizar uma *mágicka* para ajudar a conseguir um emprego era, nas palavras dela, "*mágicka baixa*", e me distrairia da Grande Obra que eu jurara realizar.

Eu não conseguia deixar claro para ela que eu *estava* tentando melhorar minha situação por meios normais, mas que eu também sentia a necessidade de "lubrificar" magicamente a situação. Obviamente havia um grande obstáculo diante de mim e, afinal, não é verdade que a Sabedoria esotérica das Eras nos ensina a procurar por tais obstáculos primeiro *em nós mesmos*?

Eu era familiarizado com a *Chave Menor de Salomão – A Goetia*[7] – e me parecia que muitos dos 72 espíritos (se alguém as considerasse entidades reais, capazes de efetuar mudanças no plano material) podiam fornecer tal ajuda. Eu queria realizar uma evocação *goética* para o propósito de melhorar as condições de minha vida material.

Essa sugestão comunicada à minha professora evocou nela uma resposta quase histérica. Ela me disse em termos inequívocos que eu não estava pronto para praticar qualquer forma de evocação *goética*. Ela enfatizou que apenas magistas que já haviam alcançado os mais

---

7. *The Book of the Goetia of Solomon the King Translated into the English Tongue by a Dead Hand and Adorned with Divers Other Matters Germane Delightful to the Wise, the Whole Edited, Verified, Introduced and Commented by Aleister Crowley – Society for the Propagation of Religious Truth* [O Livro da Goetia do Rei Salomão, traduzido para a língua inglesa por uma mão morta e adornado com diversos outros assuntos adequados agradáveis aos sábios, inteiramente editado, verificado, introduzido e comentado por Aleister Crowley – Sociedade para a Propagação da Verdade Religiosa], Boleskine, Foyers, Inverness, Escócia, 1904.

altos níveis de iluminação estavam qualificados para fazê-lo. "Uma vez que você obtenha o Conhecimento e a Conversação de seu Santo Anjo Guardião, você verá tudo isto como desnecessário."

Mas como eu poderia obter o equilíbrio mental e emocional necessário para alcançar tais alturas espirituais elevadas, enquanto minha vida permanecia tão miserável? Será que é exigido pelos deuses que a iluminação venha apenas para os iluminados?

Eu não desejava ser desrespeitoso com ela, contudo eu estava sentindo um verdadeiro ponto cego em nosso relacionamento.

Quando lhe perguntei se *ela* havia alguma vez realizado uma evocação *goética*, ela respondeu: "Certamente, não! Aquilo é *Baixa Mágicka*".

Capítulo Quatro
Primeira evocação

Durante os nove meses seguintes, continuei minhas disciplinas de "Alta Mágicka", levantando-me nas horas antes do amanhecer para praticar ioga, *pranayama* e trabalho cerimonial com os rituais do pentagrama e do hexagrama. Eu gostava muito desse trabalho, e mantinha um diário magístico detalhado e registros de sonhos. Eu construí e consagrei minhas armas magísticas, misturei o Óleo Sagrado de Abramelin e memorizei os textos recomendados. Minha professora parecia satisfeita com meu progresso.

Por volta do outono de 1976, minha situação no mundo "real" havia degenerado terrivelmente. Eu não tinha um carro nem um telefone, e isso tornava difícil a busca por um emprego. As posições temporárias que eu conseguia arranjar ficavam tão longe que o pouco que elas pagavam era quase todo gasto com a despesa de chegar até lá.

Dizer que eu estava distraído pela minha ansiedade seria uma cruel atenuação da narrativa. Minha autoestima estava em baixa perene, e comecei a ter pensamentos sombrios demais para serem relatados. Minhas costas estavam contra a parede.

Como um último recurso e contra as instruções de minha professora, decidi realizar uma evocação *goética* com o expresso propósito de reverter o curso da minha vida e alcançar algum nível de domínio sobre minha existência. Escrevi em meu diário: "Devo ter sucesso, porque as consequências do fracasso neste ponto são impensáveis".

Voltei minha atenção para o único texto *goético* disponível para mim naquela época. Percorri a lista dos espíritos e seus atributos, e decidi pelo # 55:

𝔒𝔯𝔬𝔟𝔞𝔰

O quinquagésimo quinto espírito é Orobas. Ele é um grande e poderoso Príncipe, aparecendo de início como um cavalo; mas após o comando do exorcista, ele assume a imagem de um homem. Seu ofício é descobrir todas as coisas passadas, presentes e por vir; e também conceder dignidades e prelaturas, e o favor de amigos e de inimigos. Ele fornece respostas verdadeiras sobre adivinhações, e sobre a criação do mundo. Ele é muito fiel ao exorcista, e não permitirá que este seja tentado por qualquer espírito. Ele governa 20 legiões de espíritos.

Orobas parecia ideal para minhas necessidades. Primeiro, eu carecia da "dignidade" para cuidar apropriadamente de mim mesmo e de minha família. (Na época eu não tinha nenhuma ideia do significado de "prelaturas".) Segundo, a fim de estruturar minha vida, eu precisaria do favor de amigos e inimigos. Terceiro, por causa de meus estudos, eu precisava de confiança em minhas habilidades adivinhatórias e uma boa compreensão da Cabala Sagrada. Finalmente, eu precisava de um espírito em quem eu pudesse confiar. Orobas parecia um perfeito companheiro magístico. Seria Orobas.

Em seguida eu precisava me ligar fortemente com a montagem do Templo, os equipamentos e o método de evocação.

O Templo era fácil. Eu poderia usar o quarto do meu filho (o único quarto em nosso pequeno apartamento). Usando uma fita colante fina, criei um círculo de aproximadamente nove pés de diâmetro no chão. No círculo, coloquei os Nomes Sagrados; para mim, estes incluíam os nomes do panteão thelêmico: Nuit, Hadit, Ra-Hoor Khuit, Babalon, Therion. Fiz o triângulo usando cartolina e o envolvi com os nomes que eu sentia serem nomes apropriados (Thelema, Agape e Abrahadabra).

O equipamento era improvisado e de modo algum constituía o equipamento magístico glamoroso que eu sempre havia imaginado: um queimador de incenso hindu barato fumegava no Triângulo próximo de uma cópia do selo de Orobas feita em papel; risquei a mesma figura no medalhão que pendia do meu pescoço (o lado oposto era gravado com o pentagrama de Salomão); um copo d'água para purificação; uma vela para consagração; óleo de Abramelin para ungir a mim e ao Templo, e, é claro, meu livro de mágicka.

Eu tinha um problema real com as conjurações conforme apareciam na *Chave Menor de Salomão*. Eu tinha certeza de que seria desnecessário para mim papagaiar estupidamente as tediosas séries de conjurações precisamente como estão escritas no texto. As intermináveis entoações obviamente visam a duas coisas: (1) reforçar a crença do operador de que ele tem um "direito divino" de convocar e controlar o espírito; e (2) colocar o operador em um estado alterado de consciência por meio do qual ele possa *ver* e se comunicar com o espírito. Eu tinha confiança de que podia alcançar esses estados sem a cansativa linguagem arcaica e as referências a personagens do Antigo Testamento por quem eu não tinha nem afeto emocional nem respeito.

Resolvi simplesmente realizar um banimento completo, e depois abrir o Templo com a *Invocação Preliminar da Goetia* de Crowley (ver Capítulo 7), que eu já havia memorizado como parte das cerimônias de consagração de minhas armas magísticas. Então, "intoxicado" pelas Palavras Bárbaras de Evocação, simplesmente me concentraria no Triângulo e convocaria Orobas *extempore*.

A Incumbência seria simples. Orobas haveria de fazer imediatamente o que quer que fosse necessário para me ajudar a obter controle sobre minha vida. Eu necessitava obter a dignidade para salvaguardar meu próprio bem-estar e o de minha esposa e do meu filho. Orobas haveria de permanecer como meu familiar, executando minhas ordens sem causar dano a mim ou aos meus entes amados. Em troca, eu seria um mestre gentil e prometeria, se ele permanecesse obediente e fiel, exaltar seu selo e seu nome e redimir seu espírito conforme meu espírito fosse redimido.

Estando tudo pronto no *Templo* do quarto, preparei-me para evocar Orobas.

Havia feito um calor incomum durante todo o dia, e no final da tarde (quando eu estava pronto para operar) o Templo estava bastante quente. Após um longo banho cerimonial, vesti minha túnica com o obrigatório *"Pelo mistério figurativo desta vestimenta sagrada..."* e assumi minha posição no círculo.

Removi o tampão do frasco de óleo de Abramelin (pela tradição, o mais poderoso dos Óleos Sagrados, feito de oito partes de óleo de canela, quatro partes de óleo de mirra, duas partes de óleo de galanga e sete partes de azeite). Ungi o topo da minha cabeça, depois minha testa, garganta, coração, plexo solar, umbigo e virilhas. Onde quer que tocasse minha pele, o óleo queimava como fogo e me tornava excitadamente cônscio de meus centros psíquicos.

Com minha Vara de Amendoeira, realizei o Ritual do Banimento Menor do Pentagrama, e então prossegui com a *Invocação Preliminar da Goetia*. Feito isso, comecei a me concentrar no selo no Triângulo e a "chamar" Orobas.

Não sei o que eu esperava. Nada estava acontecendo. Chamei Orobas novamente, desta vez com mais força. Nada ainda. O desapontamento começou a se apoderar de mim, e comecei a sentir toda a frustração que havia me trazido até aquele ponto. Fiquei impaciente e irritado. Apontei minha Vara para o Triângulo e gritei: "entre no Triângulo, maldito, ou vou queimar seu pequeno selo de merda até virar torrada. Se você não é por mim, você é contra mim, e sou muito mais propenso a aniquilar você do que a discutir com você".

Pela primeira vez em minha vida tive "alguém" em quem descarregar toda minha raiva e frustração. A sensação era boa. Era uma sensação *muito* boa gritar e ameaçar alguém ou alguma *coisa* que eu considerava responsável por todos os meus males.

Não sei por quanto tempo vociferei contra aquele Triângulo de cartolina vazio, mas subitamente me senti tolo. Parei e respirei fundo. Eu sentia meu coração batendo em minha garganta, e estava coberto de suor. Na calma quente e pesada, *algo* estava acontecendo. Eu não via nada, mas algo definitivamente estava no quarto comigo. Era como o sentimento que você tem quando acorda de um cochilo sentindo que você não está sozinho, apenas para descobrir que seu cachorro está te olhando.

Ele estava no Triângulo. Eu não o via com meus olhos como um desenho animado ou um holograma. Eu o via como alguém "vê" uma ideia – como se fosse projetado na parte interna detrás do meu crânio: um pequeno cavalo com grandes olhos tristes me olhando como um animal de rebanho maltratado. Orobas.

Eu agora me sentia autoconsciente, quase envergonhado. Sua presença era tão objetivamente perceptível quanto se outro Ser consciente estivesse diante de mim. Um Ser com uma existência e sentimentos independentes. Eu também percebia que ele inquestionavelmente se ressentia por estar confinado no Triângulo.

Fiquei tão atordoado que por um momento esqueci tudo. Perdi completamente minha atitude de indignação superior. Agora eu temia ser incapaz de controlar a situação. "Enquanto eu olhar para o Triângulo com toda minha vontade concentrada", pensei, "permanecerei no controle."

Assim que esse pensamento cruzou minha mente, uma gota de suor escorreu da minha sobrancelha por sobre meu nariz e entrou em meu olho direito. Pisquei diversas vezes, depois esfreguei ambos os olhos com os dedos de minha mão esquerda. Subitamente meus olhos começaram a queimar tanto que eu não podia mantê-los abertos. O suor da minha testa estava saturado com Óleo de Abramelin. Meus dedos estavam cobertos com ele. Eu estava esfregando óleo concentrado de canela em meus próprios olhos!

A dor era excruciante e piorava a cada segundo. Fiquei completamente cego. Entrei em pânico. Eu não podia prosseguir com a evocação daquele jeito, tampouco podia arriscar uma quebra adicional do procedimento ao romper o Círculo. A velha ira retornou. Com meus olhos apertados voltei-me para o Triângulo e cuspi uma maldição irracional sobre Orobas. Culpei-o por tudo aquilo e fiz um juramento de providenciar uma eternidade de confinamento e tormento se ele não permanecesse no Triângulo.

Eu sabia que não tinha escolha a não ser encontrar cegamente o caminho até o banheiro e lavar meus olhos. Então a coisa mais extraordinária aconteceu. Eu podia ver. Eu podia ver tudo. Mesmo com meus olhos "pegando fogo" e apertados, quase fechados, eu podia "ver" o Templo inteiro. Eu via o incenso queimando; via o Círculo; eu podia até ver a mim mesmo como que por trás e a partir de cima; eu via Orobas em posição no Triângulo.

Eu estava sentindo tanta dor que não fiquei de todo impressionado com essa nova "visão magística". Eu tinha de fazer rapidamente algo acerca dos meus olhos. Apontei minha vara para o espírito e rugi: "fique!". Orobas imediatamente reclinou-se e permaneceu imóvel e pacífico como se fosse o burrinho em uma cena da natividade.

Deixei o Círculo e corri para o banheiro adjacente ao quarto. Tirei rapidamente a túnica e entrei no chuveiro. Era difícil abrir meus olhos, então eu os mantive abertos com meus dedos e deixei que a água fria fosse borrifada diretamente sobre eles. Não sei por quanto tempo fiquei ali antes de sentir algum alívio, mas pareceu uma eternidade.

Conforme eu me secava e colocava de volta minha túnica, o absurdo da minha situação se tornava embaraçosamente divertido. A imagem de mim mesmo, um homem crescido, tropeçando cegamente para fora de um "Círculo Magístico" e lançando maldições histéricas sobre um demônio (que com toda probabilidade era apenas uma ideia mantida em um Triângulo por minha imaginação), subitamente se tornou engraçada demais para pôr em palavras.

Olhei para o espelho do banheiro, vendo meus olhos vermelhos e brilhantes injetados de sangue e meu cabelo úmido pendendo sobre minhas orelhas, e comecei a rir histericamente. Grande magista.

Eu me sentia melhor agora – aliviado – como se tivesse experimentado uma descarga de energia que havia estado presa dentro de mim por toda minha vida. Agora eu não podia esperar para terminar a operação.

De volta ao interior do Círculo, todo o nervosismo que eu sentira anteriormente havia sumido. Com uma fria resolução, peguei minha Vara e me dirigi novamente a Orobas. Desta vez havia uma clara comunicação de mão dupla. Eu pronunciava mentalmente minhas palavras e "ouvia" a resposta de Orobas simultaneamente:

"Eu chamei você de boa-fé. Por que você queimou meus olhos?"

"Você queimou seus próprios olhos. Somente um idiota colocaria óleo de canela na testa nesse calor."

"Se alguma vez você fizer algo assim novamente, eu o destruirei."

"Então peço desculpas por aquilo que não fiz. Por que estou aqui?"

"É verdade tudo que o livro diz sobre você?"

"É... e mais."

"Então eu lhe digo, minha vida está uma porcaria. Preciso controlá-la. Preciso da 'dignidade' para ser capaz de cuidar apropriadamente de minha família. Preciso de ação agora. Eu lhe incumbo de reunir todos os espíritos sob seu controle para se colocarem imediatamente ao trabalho para corrigir minha situação. Quero ver algum sinal positivo *hoje* de que você está trabalhando para mim."

"Mas hoje é cedo demais", Orobas disse calmamente. "É injusto me pedir para trabalhar tão rápido. Dê-me pelo menos duas semanas para lhe mostrar um sinal."

"Ele está certo", Pensei comigo mesmo. "Eu *estou* pedindo demais. Talvez eu devesse lhe dar mais tempo. Se eu não vir quaisquer resultados hoje, então terei de admitir que esta operação é um fracasso. Como isto me fará sentir? Já estou deprimido. Não sei se posso aguentar mais um fracasso. Fracasso na vida, fracasso na Mágicka.

Talvez eu devesse lhe dar um mês – não – seis meses – sim – seis meses – algo deve acontecer em seis meses – então serei capaz de dizer que a operação foi um sucesso..."

Parei no meio da sentença. Estes não são meus pensamentos, são *dele*! Este é o processo clássico de negociação dos espíritos. Era assim que o magista podia ser persuadido a entrar em pactos e outras tolices do gênero. Se eu lhe permitisse continuar, ele poderia me persuadir a qualquer coisa e me fazer pensar que fora minha própria ideia. Era tão sutil, e ainda assim tão óbvio. Eu tinha de recuperar o controle da conversa.

"Não! Nenhum tempo a mais. Preciso ver provas positivas de que você está cumprindo sua incumbência e preciso vê-las hoje. Se eu não as vir, juro por estes olhos vermelhos que relançarei o Círculo e o Triângulo com o propósito de queimar seu selo e aniquilar você. Por outro lado, se você cumprir sua incumbência, exaltarei você e o seu nome. Seu selo viverá em metal ou pedra por mil anos, e você será redimido conforme eu for redimido. Está claro?"

"Está claro."

Eu o mandei embora com uma *licença para partir* à vontade, e, quando eu não podia mais sentir sua presença, bani o Templo e desmontei o Círculo e o Triângulo.

O procedimento inteiro levou pouco mais de uma hora. Minha esposa e meu filho estavam se divertindo na sala de estar e não perceberam absolutamente nada da aventura que eu acabara de experimentar do outro lado da porta.

"O que aconteceu com seus olhos?" foi a única pergunta com que fui forçado a lidar, e o evento inteiro assumiu quase imediatamente as dimensões de uma memória distante.

Bebi um pouco d'água e me estiquei no chão para digerir o que tinha acabado de acontecer, quando fomos todos surpreendidos pelos ruídos do que era obviamente um carro velho com um amortecedor bastante ruim. Ele tossiu e engasgou, parando diretamente em frente do nosso apartamento, e o motorista saiu e bateu barulhentamente em nossa porta.

Era "Mad Bob", um de nossos mais velhos e queridos amigos. Ele havia estado fora do país por vários anos, de modo que ficamos surpresos e contentes por vê-lo novamente. Depois de sobrevivermos aos seus fortes abraços de urso, nós o convidamos para entrar, mas ele disse que não podia ficar. Ele enfiou a mão no bolso, tirou as chaves de seu calhambeque e jogou-as no sofá.

"O carro é seu! Estou indo para a Guatemala. Preciso estar em Long Beach em meia hora, me dê uma carona."

Se este não era o sinal que eu pedira a Orobas, era uma imitação danada de boa. Entramos em meu "novo" carro e dirigimos até Long Beach, onde deixei Mad Bob para começar sua aventura na Guatemala. Minha aventura também estava apenas começando.

No caminho para casa, converti os trocados do cinzeiro em uma moeda de 25 centavos e comprei um jornal local. Em casa, percorri as colunas de "Precisa-se" e circulei três posições de admissão em companhias às quais eu agora podia chegar com meu carro. No dia seguinte, candidatei-me pessoalmente para todas as três, e fui empregado pela terceira. Três meses e três promoções depois, encontrei-me no departamento de engenharia de um grande laboratório de dispositivos médicos ganhando um salário "digno". Durante o mesmo período, por causa de uma cadeia de eventos extraordinários, fui consagrado bispo da Ecclesia Gnostica Catholica. Essa "Prelatura" foi inteiramente inesperada, e se tornou um dos aspectos mais importantes de minha vida adulta.

Pouco tempo depois de conseguir meu emprego, lancei o Círculo e o Triângulo e chamei Orobas novamente. Desta vez para agradecer-lhe e dizer que eu reconhecia sua fiel execução de minha incumbência. Gravei seu sigilo belamente em um atraente prato de estanho que, exceto por um ataque nuclear direto ou uma supernova do Sol, durará mil anos.

Chamei muitos dos 72 espíritos ao longo dos anos seguintes, mas incomodei Orobas apenas umas poucas vezes desde então (apenas em épocas de absoluto desespero e depois de ter exaurido todos os meios de me arranjar). Ele permanece sendo um familiar leal e ainda nunca falhou em sua habilidade de cumprir suas instruções.

O leitor pode alegar a coincidência e argumentar que todos os eventos subsequentes à minha evocação estavam em processo de me acontecer de qualquer maneira. Não discutirei sobre isto. Mas tanto quanto meu cérebro esquerdo interpreta tais fenômenos subjetivamente – em termos da psicologia, meu cérebro direito estará sempre convencido de que há uma realidade objetiva e independente acerca dos espíritos.

Como uma questão de fato, alguns dos mais competentes e experientes magistas *goéticos* de hoje rejeitam a explicação puramente psicológica como ingênua. Eles apontam exemplos de evocações caracterizadas por objetos sendo movidos ou arremessados através do quarto, ondas de poder, ou dispositivos elétricos ou eletrônicos sendo ativados ou desativados, e mesmo exemplos em que o espírito (operando segundo as instruções do magista) "aparecendo" diante de terceiros que não têm conhecimento da operação.

Independentemente de qual teoria você adote, permanece o fato de que certos indivíduos continuam a experimentar em suas vidas mudanças perceptíveis que são idênticas às transformações que eles desejam atingir por meio da evocação *goética*.

Confesso que nem toda evocação que realizei foi tão bem-sucedida quanto a operação de Orobas. Em diversas ocasiões, o "espírito desobediente" precisou de diversas conjurações (completas, com ameaças, maldições e tortura pelo sigilo) antes que o resultado desejado fosse alcançado. Algumas evocações, tenho de admitir, foram fracassos desoladores. Mas elas renderam muitas informações importantes. Como uma questão de fato, aprendi mais com os desastres do que com os triunfos, porque, revisando minhas notas desses eventos, fui capaz de traçar um perfil daquilo que é necessário para o sucesso:

1. **Justificação**. Esta evocação é necessária? Eu mereço o objeto desejado da operação? Fiz tudo que podia no plano material para alcançar este resultado? Ou estou mentindo para mim mesmo acerca de meus motivos e necessidades?

Você deve estar completamente convencido de que suas demandas são absolutamente justificadas. (E não pense que estamos invocando o grande demônio "moralidade" aqui. Um motivo *desnecessário* é um motivo *indigno* – pura e simplesmente) Quando você é inteiramente justificado em suas demandas, você tem o momento do Universo inteiro por trás de você.

2. **Emoção**. A menos que haja um vínculo emocional com o resultado desejado da operação, o magista não está acessando aqueles estratos de si mesmo (ou do mundo espiritual) onde os espíritos da *Goetia* residem. A primeira vez que você vir realmente um espírito *goético*, sentirá como se o tivesse puxado para fora de suas *tripas* e lançado no Triângulo.

É por isso que as evocações para fins de experimentação ou entretenimento raramente alcançam resultados satisfatórios e as operações de desespero ou profunda necessidade pessoal frequentemente o fazem.

3. **Vontade**. Não é suficiente estar pleno emocionalmente em relação ao objeto da operação, se você não está preparado para fazer

coisa alguma a respeito. A cerimônia de evocação deve ser a expressão não ambígua de sua Vontade absoluta de efetuar esta mudança e de sua disposição de sondar as profundezas do Inferno para fazer com que isto seja feito.

4. **Coragem**. "O medo é o fracasso e o precursor do fracasso", e as evocação *goéticas* podem ser realmente bastante assustadoras. Mas se você está *justificado* em sua necessidade; se ela significa tanto para você que você está carregando a cerimônia com *emoção* pura e bruta; se tudo isto é verdadeiramente sua *Vontade* – então a coragem se tornará seu Círculo inexpugnável.

Da mesma forma, a covardia será sua ruína. Se é verdadeiramente sua Vontade ferir seu inimigo, por que se dar ao trabalho de realizar uma evocação *goética,* quando uma "*mágicka*" muito mais efetiva seria simplesmente confrontar a pessoa e socá-la no nariz? Se você pensa que vai escapar das consequências deste ato ao mandar um espírito *goético* para fazer isto por você, você será surpreendido de modo desagradável.

UM ALERTA

Observamos também, é triste dizer, que a eficácia da Arte nem sempre se manifesta de maneira positiva na vida de todo praticante. Frequentemente, seja por causa de falhas inerentes de caráter ou patologias preexistentes, os "espíritos" acabam conduzindo o magista em vez do contrário. É fácil ver que, de todos os ramos da *mágicka* cerimonial, a evocação *goética* está entre os mais prováveis de serem mal utilizados, mal compreendidos e sofrerem abuso.

Em retrospecto, hoje eu vejo por que minha professora era tão relutante em me encorajar enquanto jovem estudante a realizar experimentos com a *Goetia*. Em sua longa carreira, ela havia visto mais desastres *goéticos* do que sucessos, e havia escolhido, provavelmente com sabedoria, evitar completamente o sistema.

Frequentemente, diletantes imaturos, percebendo quão fácil e efetiva a evocação pode ser, privam-se de todos os outros aspectos da *mágicka*, incluindo a sumamente importante busca pelo Conhecimento e pela Conversação do Santo Anjo Guardião. Eles fazem da *Goetia* a peça central de suas vidas magísticas e reúnem indivíduos impressionáveis e de vontade fraca para formar uma "loja". Impressionados pelos fenômenos que o "mestre" pode facilmente produzir, esses indivíduos frequentemente se tornam mais suas vítimas do que seus alunos. Quando irrefreados, tais relações eventualmente se tornam relacionamentos de senhor e escravo. Infelizmente, estudantes sinceros frequentemente baseiam toda sua opinião da *mágicka* cerimonial nas patéticas e juvenis tolices de tais grupos.

A técnica do Operador-Receptor (usualmente feita com um Espelho Mágicko no Triângulo) é um método bastante efetivo e historicamente válido de evocação. Sentimos, contudo, que um bom conselho para o leitor é não buscar uma instrução *goética preliminar* em um grupo ou em indivíduos que se oferecem para "operar" uma evocação enquanto você "recebe" a visão. Embora esta técnica seja bastante efetiva, a menos que você tenha absoluta confiança nos motivos e na *saúde mental* de seu "operador", você estará melhor trabalhando sozinho ou com um parceiro de sua escolha que seja confiável e disposto.

Os exercícios de evocação sexual incluídos mais adiante no livro devem ser feitos por dois indivíduos que intimamente se conhecem e confiam um no outro. Indivíduos que utilizam a *Mágicka* Sexual, a evocação *goética*, ou, de fato, quaisquer iscas "magísticas" como técnicas para "pegar" pessoas, estão apenas gritando para o mundo que são incapazes de conseguir um parceiro sexual de qualquer outra maneira. Estas são as *últimas* pessoas na Terra com quem alguém deveria querer aprender *mágicka*.

Capítulo Cinco
História

> Se o olho pudesse ver os demônios que povoam o universo, a existência seria impossível.
>
> – *Talmude,* Berakot, 6

O formato da evocação *goética* contém talvez os elementos mais vívidos e reconhecíveis de qualquer tipo de *mágicka* cerimonial ocidental. O magista, vestido e armado, posiciona-se no interior do Círculo Mágicko protegido contra a malícia dos espíritos pelos inúmeros Nomes Sagrados rabiscados ali. Diversos pés adiante posiciona-se o espírito, preso no interior do Triângulo da Arte. Com sua Vara erguida, o magista emite seus comandos e o espírito relutantemente obedece. Este é o material dos filmes de "espada e feiticeiro". Ainda assim, este é precisamente o método, e chegou até nós de uma maneira bastante extraordinária.

A Europa dos séculos XVI e XVII abundava com uma miríade de praticantes das artes magísticas que, em sua maior parte, eram inspirados pelas vívidas imagens da magia do Oriente Médio.

Devemos ter em mente que, por muitos anos, boa parte da Península Ibérica foi ocupada pelos muçulmanos. Ironicamente, mesmo embora a lei islâmica impusesse proibições estritas contra práticas espirituais não ortodoxas, as forças de ocupação toleravam um punhado de comunidades espanholas nas quais um certo nível de liberdade espiritual florescia.

Esses bolsões de liberalidade atraíam não apenas os inovadores praticantes das "Artes Negras", mas também os cabalistas judeus, cuja sabedoria foi, pela primeira vez, registrada por escrito. Esse período viria a influenciar profundamente o Renascimento e posteriormente todas as tradições "herméticas" da civilização ocidental.

Foi a partir dessa tradição que se desenvolveu o conceito da magia "salomônica". Espíritos (gênios) aprisionados em garrafas, tapetes magísticos, grandes tesouros protegidos por demônios – todos reminiscentes das *Mil e Uma Noites Árabes*.

O texto que se tornou conhecido como a *Goetia* é o primeiro livro daquilo que é comumente citado como o *Lemegeton*, uma coleção de cinco textos tradicionalmente atribuídos ao rei Salomão. As versões mais populares (incluindo aquela para cuja tradução Crowley contratou S. L. MacGregor Mathers) são derivadas principalmente de traduções dos Manuscritos Sloane números 2731 e 3648, de posse da Biblioteca Britânica.

Poucos indivíduos hoje são tão ingênuos a ponto de acreditar que o autor foi de fato o lendário rei hebreu. Na verdade, não há nenhuma evidência para demonstrar que os cinco textos sejam até mesmo a obra de um único autor, ou mesmo que os autores fossem magistas praticantes. De fato, pela própria natureza das traduções, é óbvio que o escriba ou escribas eram decididamente hostis em relação à arte. Muitos dos espíritos são claramente os deuses e deusas de religiões mais antigas, que foram "banidos" para as regiões infernais pela nova ordem. Muitos dos duques, especialmente, parecem ter sido originalmente de caráter feminino (uma ideia espiritual bastante perigosa para escribas monásticos solitários propensos a fantasias).

Os livros de magia atribuídos ao rei Salomão circularam pela Europa desde pelo menos a metade do século XVI. O Manuscrito Sloane 2731 é datado de 1687, e muito provavelmente é o resultado do desejo de um praticante de ter suas obras "salomônicas" favoritas reunidas convenientemente em um volume.

Parece também que ele aproveitou a oportunidade para atualizar os textos, revisando a linguagem e utilizando o vernáculo da época. Embora a linguagem nos pareça arcaica hoje, o *Lemegeton* representa uma versão "nova e melhorada", do século XVII, de um material muito mais antigo. Não somos capazes de dizer o quanto.[8]

---

8. Para conveniência do leitor moderno, nós também colocamos o material traduzido do Capítulo Oito em vernáculo moderno e, onde fosse óbvio, retornamos certos espíritos a seu gênero original.

O Renascimento Magístico do final do século XIX resultou em novas traduções, e o *Lemegeton* e a *Goetia* emergiram da obscuridade quase completa para a luz da obscuridade *relativa*, e os estudantes e praticantes do oculto têm sido atraídos por seus mistérios desde então.

Edições modernas da *Goetia* continuam a ser impressas e muito bem vendidas (quase todo estudante de *mágicka* que vale o sal que come possui pelo menos uma cópia), contudo relativamente poucos indivíduos participaram de fato de uma evocação *goética*. As razões são muitas, mas talvez a principal e mais convincente desculpa esteja enraizada na crença errônea de que, para ter sucesso na evocação, o indivíduo deve conformar-se exatamente aos procedimentos e às conjurações delineados no texto.

As aparentemente intermináveis páginas de conjurações, coações, exorcismos e maldições tediosas, arcaicas e paroquiais, continuam a confundir e desencorajar 99% dos pretensos magistas *goéticos*. *E isto é precisamente o que elas visam fazer!*

TEORIA

O Universo era muito simples do ponto de vista do magista *goético* tradicional. Acima dele estava Deus, o criador do mundo e a fonte última de sua autoridade. Abaixo do magista estava um mundo "infernal" habitado por espíritos demoníacos que certa vez haviam sido "Anjos do Senhor", mas que agora estavam exilados do céu como punição por seu orgulho e desobediência. Sua "queda" estabelecera o tríplice "mundo" interdependente em que nos encontramos: Céu, Terra e Inferno.

Assim como os titãs da mitologia grega, os espíritos infernais (não Deus) são responsáveis pela manutenção do mundo material, incluindo a natureza "terrena-carnal" do homem.

Como residente da Terra, o magista se encontra entre os mundos divino e infernal. Se ele é pio diante dos olhos de seu "Deus", então ele tem a autoridade divina para controlar e dar ordens aos espíritos inferiores.

Para alcançar esse estado mental de autoridade, os magistas dos tempos antigos recitavam longas litanias de afirmações e autoengrandecimentos, relacionando sua elevada moral e exemplos de sua piedade religiosa. ("Você obedeceu a Moisés, você obedeceu a Aarão, você obedecerá a mim também!")

Uma vez tendo convencido *a si próprio* de que ele tinha a autoridade para comandar o espírito, o magista em seguida tinha de alcançar o estado mental subjetivo diante do qual ele pudesse "ver" o espírito. Ele induzia este estado mediante o uso de "palavras mágicas" que ele recitava de modo bastante semelhante a um mantra. Dessa maneira, ele criava uma atmosfera estranha e mística em que nada era impossível e qualquer coisa poderia acontecer.

Posicionado no Círculo, protegido pelos nomes divinos com os quais ele havia se alinhado, o magista (fortalecido pelas afirmações e "intoxicado" pelas palavras mágicas) concentrava-se no Triângulo até que o espírito aparecesse. As virtudes universalmente sagradas de todas as coisas trinas eram suficientes para prender o espírito no Triângulo por tempo suficiente para receber a Incumbência do magista. Após receber suas ordens, era dada ao espírito a licença para partir, para seguir adiante e cumprir as determinações do magista.

O texto da *Goetia* é preenchido com os detalhes dessas operações – página após página de formais Conjurações, Coações, Invocações, Maldições, Grandes Maldições, Discursos ao espírito quando de sua chegada e partida, etc.

PRÁTICA

Existem hoje magistas *goéticos* (tanto praticantes solitários quanto grupos organizados) que operam estritamente "segundo o livro". O Círculo, o Triângulo e todos os diagramas são construídos exatamente conforme ilustrados na *Goetia*. Eles recitam (ou mais frequentemente leem) as conjurações, coações e maldições exatamente como escritas no texto de 1687. As cerimônias de alguns desses magistas são emocionantes de se ver, e sem dúvida a Arte será sempre perpetuada em sua forma clássica por causa de seu trabalho dedicado.

Deve ser apontado, no entanto, que não há absolutamente nenhuma necessidade de (nem vantagem particular em) se conformar cegamente aos roteiros de Conjuração dos textos antigos. Os espíritos não ficam mais impressionados se você disser "vós" e "vosso" do que se você disser "você" e "seu".

Aleister Crowley tinha consciência disso e produziu várias versões de suas próprias conjurações. De fato, como veremos posteriormente, em sua própria cópia da *Goetia*, ele simplesmente copiou à mão a Segunda Chave do sistema *enochiano*. É nossa opinião (e de outros estudiosos de Crowley) que para suas conjurações *goéticas* pessoais Crowley muito provavelmente descartou em seus últimos anos as conjurações tradicionais e simplesmente recitava a Primeira e a Segunda Chamadas Enochianas.

É também nossa opinião que as conjurações mais efetivas são aquelas construídas pelo próprio magista. Encorajamos o leitor, uma vez que os elementos fundamentais do sistema sejam totalmente apreendidos, a criar sua própria conjuração que, assim como seu Templo, equipamento e procedimentos, seja unicamente seus.

Capítulo Seis
Requisitos mínimos

Mesmo que acreditemos que as Conjurações e certos outros componentes do material dos Manuscritos Sloane sejam anacronicamente supérfluos para a evocação *goética* moderna, não estamos sugerindo que os elementos básicos do sistema não sejam válidos. Ao contrário, os fundamentos do procedimento clássico são extremamente importantes. Nós de fato sentimos que é muito importante encorajar o leitor a se libertar da ideia supersticiosa de que a *mágicka* só funcionará por meio da conformidade cega em relação a qualquer procedimento imposto (novo ou antigo). O entendimento daquilo que é do que não é verdadeiramente necessário é o que separa o magista real de um personagem em um jogo de interpretação de papéis.

O TEMPLO

O Templo precisa ser apenas um aposento grande o suficiente para acomodar o Círculo e o Triângulo. Uma sala de estar, um quarto ou uma área similar onde se possa ter privacidade é suficiente. Se houver outra mobília no aposento, deve-se tomar o cuidado de limpar do aposento a bagunça e qualquer aparência de desordem. (Frequentemente, um aposento é mais eficientemente banido por uma boa limpeza e aspiração do pó do que pelo próprio ritual de banimento.)

O CÍRCULO

Em um sentido bastante real, o Círculo não é o giz ou a fita no chão, mas a aura do próprio magista. Ela não apenas define e circunscreve tudo que ele ou ela é, mas se posiciona como uma fortaleza contra tudo que se encontra no "exterior".

O Círculo é o universo do magista, e o centro do Círculo é o ponto de equilíbrio supremo, o ponto de apoio a partir do qual ele move os mundos. Para o propósito da evocação *goética*, o Círculo *não é opcional*. Ele é uma exigência fundamental no Templo, pois é a zona de segurança na qual o magista pode se posicionar com completa segurança para comandar as forças aprisionadas no Triângulo.

No chão de seu Templo, desenhe, delineie com fita, pinte, risque ou crie de algum modo um Círculo de aproximadamente nove pés de diâmetro. Aproximadamente a seis polegadas no interior da circunferência desenhe outro Círculo.* No espaço entre os círculos coloque os Nomes Sagrados de sua escolha.

Seria presunçoso para nós sugerir ao leitor quais Nomes Sagrados são mais apropriados. É uma missão para cada magista determinar para si qual "divindade ou divindades" são harmônicas com o universo magístico do próprio magista. O próprio Círculo é um símbolo perfeito de divindade. Uma simples linha contínua sem absolutamente nenhum nome pode ser suficiente para indivíduos cuja compreensão dessa abstração seja profunda. Eu utilizo ocasionalmente um fino cordão de seda, o qual, após a cerimônia (quando eu sentia ser vantajoso permanecer no Círculo por horas ou dias), enrolo em torno de mim mesmo como um cinto.

O círculo Clássico era o de uma serpente enrolada, em cujo corpo estavam escritos – em hebraico – os Nomes da divindade, do anjo e do arcanjo atribuídos às primeiras nove *sephiroth* da Árvore da Vida. O espaço entre os círculos era de um amarelo profundo e brilhante. As letras eram escritas em cor negra. O Círculo clássico também incluía quatro hexagramas posicionados nos quadrantes e era rodeado por quatro pentagramas posicionados entre os quadrantes.

Exemplos de Círculos tradicionais e modernos podem ser encontrados no Apêndice.

---

*N.E.: Um pé corresponde a 30,5 centímetros, e uma polegada, a 2,5 centímetros.

O TRIÂNGULO

Assim como o Círculo, o Triângulo *não é opcional*. Esta é a área no interior da qual o espírito aparece e é compelido à obediência. (Ver Apêndice.)

No Oriente (ou na direção indicada do espírito particular em questão), a uma distância de aproximadamente dois pés do Círculo, desenhe, delineie com fita, pinte, risque ou crie de algum modo um Triângulo com cada lado medindo três pés. A base do Triângulo deve estar voltada para o Círculo. Em cada lado do Triângulo, coloque os três Nomes Sagrados de sua escolha.

O Triângulo *goético* clássico era rodeado por três nomes: **ANAPHAXETON** (Grande Deus de toda a Hoste Celestial) à esquerda, **PRIMEUMATON** (o Primeiro e o Último) na base, e **TETRAGRAMMATON** (o nome inefável de Deus Y. H. V. H.) à direita. No interior do Triângulo clássico, nos pontos, eram colocadas as letras **MI-CHA-EL** (o arcanjo Miguel). No centro havia um círculo. O círculo no centro do Triângulo era verde (o restante do interior era branco) e os nomes do lado de fora eram escritos em vermelho.

Como mencionado anteriormente, os nomes em torno do Círculo são inteiramente da prerrogativa de cada magista. Você pode se perguntar quais as qualidades, virtudes ou poderes que você considera sagrados em suas própria disciplinas mágicas: AMOR – VONTADE – UNIÃO; FÉ – ESPERANÇA – CARIDADE; SAT – CHIT – ANANDA; ou palavras, números ou fórmulas que representam tais coisas, que podem funcionar bem se forem significativas para você. As quase infinitas virtudes metafísicas de um triângulo fazem dele um dispositivo perfeito para confinar e controlar aquilo que nunca foi confinado ou controlado por você. Para muitos magistas, um Triângulo simples com um círculo no centro é bastante suficiente (com ou sem os nomes ao redor).

Pode ser também colocado incenso no interior do Triângulo, mas uma vez que o Templo seja aberto e o espírito conjurado, o magista *não deve deixar* o Círculo ou alcançar o interior do Triângulo.

O SELO DO ESPÍRITO

Sobre o círculo do Triângulo repousará o Selo ou Sigilo do espírito desenhado em pergaminho. Esses símbolos são derivados do material tradicional do *Lemegeton*, e teoricamente são as representações vivas dos espíritos. Alguns textos mandam que eles sejam feitos de pergaminho virgem de pele de bezerro e o desenho seja feito com o sangue de uma coruja ou de algum outro animal. Sentimos que tais extravagâncias serviam como "armadilhas de tolos" e são desnecessárias para trabalhos modernos. Mas se você se sentir melhor acerca da operação se usar a pele virgem de bezerro, por favor, vá em frente.

Após a cerimônia, você deve se dar ao trabalho de guardar o Selo em um recipiente especial. Você nunca deve ser descuidado com um Selo "ativado", ou esquecer onde o colocou. Dependendo do propósito da evocação, você pode desejar carregar o Selo consigo ou anexá-lo a um objeto relacionado à operação.

Aprendi a partir da amarga experiência que não é sábio ter *dois operadores* em uma única operação ou dar ou emprestar um Selo ativado a outra pessoa. É difícil o bastante manter sua própria Vontade direcionada para o propósito único da operação. Achei impossível para dois indivíduos serem tão unificados em sua resolução mágica a ponto de obterem controle conjunto sobre um espírito *goético*. (Isto não se aplica a uma operação utilizando um operador e um receptor ou a trabalhos sexuais de *Goetia* tais como são descritos posteriormente neste livro.)

O HEXAGRAMA DE SALOMÃO

A Aurora Dourada definia o Hexagrama como "(...) um símbolo poderoso representando a operação dos sete planetas sob a presidência das *sephiroth* (...)". Esse símbolo bastante reconhecível do judaísmo, às vezes chamado de Escudo de Davi, é um emblema bastante apropriado do Macrocosmo Divino (o grande mundo de Deus, representado nos tempos antigos pelo Sol rodeado pelos seis planetas então conhecidos [ver Apêndice]).

Um magista *goético* usa o Hexagrama na saia de sua túnica para agir como um escudo ou distintivo de autoridade. Ao exibir o Hexagrama ao espírito, o magista prova que ele ou ela é parte e representante da Ordem Macrocósmica, com pleno poder para exercer esta autoridade. Ao verem o Hexagrama, os espíritos (por tradição) são compelidos a assumir a forma humana.

O Hexagrama clássico era pintado em pergaminho de pele de bezerro e coberto com linho.

Os magistas modernos devem se sentir livres para fazer o Hexagrama tão ornamentado ou tão simples quanto acharem adequado, mas *de modo algum devem omitir* este dispositivo magístico importantíssimo.

O PENTAGRAMA DE SALOMÃO

A Aurora Dourada definia o Pentagrama como "(...) um símbolo poderoso representando a operação do Espírito Eterno e dos quatro elementos sob a presidência das letras do Nome Yeheshuah (...)" (ver Apêndice).

Em contraste com o Hexagrama, o Pentagrama é o símbolo do Microcosmo (o pequeno mundo do Homem) representado pelos quatro elementos, Fogo, Água, Ar e Terra, governados pelo quinto elemento, o Espírito.

Assim como o Hexagrama afirma que o magista está em harmonia com a Ordem Macrocósmica, o Pentagrama afirma que ele é Senhor da Ordem Microcósmica. Usando esses dois símbolos, o magista é lembrado de que ele ou ela está posicionado entre o Céu e o Inferno, sendo Executor dos Deuses e Senhor dos Demônios.

A *Goetia* diz que o Pentagrama deve ser gravado em um medalhão de prata ou ouro e usado ao redor do pescoço. Do lado oposto do medalhão deve ser gravado o Selo do espírito que está sendo evocado.

Muitos magistas modernos preferem construir o medalhão a partir do metal apropriado do espírito (ouro para os Reis, cobre para os Duques, etc.). O Pentagrama é gravado no lado frontal, o Selo do espírito no lado detrás.

OUTROS REQUERIMENTOS

A VARA

A Chave Maior de Salomão descreve a Vara e muitas outras armas mágicas em grandes detalhes. É acurado dizer que seguir à risca as instruções para sua construção é algo que exigiria muitos meses (se não anos) para ser realizado. Concorda-se geralmente que tais instruções são pistas falsas destinadas a desencorajar os tolos e indignos.

A Vara é a arma da vontade do magista, e é o instrumento com o qual ele conjura. (A Espada, apesar de efetiva para o banimento e a intimidação, não é a arma para a Conjuração.) Usualmente a Vara tem aproximadamente o comprimento do braço do magista medido da pontas de seus dedos até o cotovelo. Tradicionalmente ela é feita de um ramo reto de madeira de amendoeira ou aveleira, e tem aproximadamente o diâmetro do dedo mindinho do magista.

O ANEL OU DISCO MÁGICO

Há magistas *goéticos* que dizem que o Anel Mágico é um acréscimo desnecessário à lista das armas mágicas. E, pessoalmente, nunca encontrei nenhum espírito do qual precisei me proteger contra seus "fétidos vapores sulfurosos e hálito de chamas". Não obstante, sempre tive o Anel à mão quando evocando qualquer dos espíritos para os quais o texto diz que o Anel é exigido (ver Apêndice).

Um dos magistas *goéticos* mais competentes que já encontrei relatou uma história notável de sua experiência com o Anel Mágico.

Enquanto evocava Astaroth,[9] ele ficou tão enamorado pela beleza do espírito que se esqueceu do propósito da evocação. Ele disse que o Templo foi preenchido por um perfume inebriante que parecia provir da adorável boca dela e, enquanto ela se dirigia a ele, seu único pensamento era que ele precisava de algum modo fazer amor físico com ela.

Foi apenas por acidente que seus olhos pousaram sobre o Anel Mágico e ele reconheceu a necessidade de segurá-lo diante de seu rosto – não para se proteger do hálito fétido de um monstro, mas para ajudá-lo a "sair da situação" antes que fosse atraído para fora do Círculo para tentar fazer amor com o espírito no Triângulo.

A experiência acima e as de outros indicam que o Anel Mágico deve ser incluído no arsenal de armas do magista *goético*.

O texto original diz que ele é feito de ouro ou prata (é claro), sendo amarelo brilhante com letras negras. Mas sentimos que qualquer material, até mesmo papel, será efetivo.

---

9. Não importando o que o texto possa dizer, Astaroth é a versão sutilmente disfarçada da deusa Astarte, que é qualquer coisa, exceto um monstro assustador.

A GARRAFA DE BRONZE

Segundo a tradição, Salomão selou os espíritos malignos em um "Recipiente de Bronze" e selou-o com um selo de chumbo. Embora raramente surja a ocasião para seu uso, uma pequena garrafa de bronze pode ser empregada se necessário contra espíritos desobedientes como um dispositivo de ameaça ou punição. O Selo do espírito é colocado dentro da garrafa e uma tampa de chumbo colocada em cima. Em casos de extrema desobediência, a tampa de chumbo pode ser derretida no lugar. [Uma vez, para ameaçar um espírito particularmente hostil, coloquei seu Selo na garrafa; posicionei a tampa de chumbo na boca da garrafa; coloquei a garrafa sobre um pedaço apagado de carvão capaz de autoignição; coloquei o carvão sobre uma cama de palitos de fósforo no incensário; e coloquei o incensário no Triângulo com pedaços de incenso em bastão queimando perpetuamente a apenas algumas polegadas acima de todo esse arranjo. A ideia era que se ao menos um bastão de incenso aceso derrubasse uma cinza contendo uma pequena brasa, ela acenderia as cabeças de fósforos, acendendo o carvão, aquecendo a garrafa de bronze, e eventualmente derretendo o selo de chumbo no lugar. Eu (e minha esposa notavelmente compreensiva) mantivemos os bastões de incenso queimando por três dias até que a tarefa que eu havia dado ao espírito fosse finalmente executada.]

A TÚNICA

O enxoval clássico inclui uma longa túnica de linho (branco), um capuz ou uma mitra, e um cinto feito de pele de leão, no qual estão escritos todos os nomes que estão no Círculo.

Qualquer túnica que tenha uma significação mágica para você é apropriada para a evocação *goética*. Uma simples túnica branca é excelente. Se você pertence a uma sociedade mágica ou possui graus pessoais, a túnica e a insígnia do seu Grau é bastante apropriada.

Se você estiver com uma boa aparência, você se sentirá bem. Não é uma boa ideia exagerar na vestimenta até o ponto de se sentir bobo ou pretensioso.

Capítulo Sete
A invocação preliminar da *Goetia*

Conforme indicamos no Capítulo 4, o primeiro requisito para uma evocação *goética* bem-sucedida é estabelecer firmemente seu poder e declarar sua autoridade de comandar os espíritos. A seguir, encontra-se uma versão anotada da *Invocação Preliminar da Goetia*,[10] uma versão do Ritual do Não Nascido da Aurora Dourada, modificado por Aleister Crowley para uso como um ritual preliminar, não apenas para trabalhos *goéticos*, mas também para operações mais exaltadas, incluindo a invocação do Santo Anjo Guardião. (Ver o *Liber Samech*, de Crowley.)

É fácil ver que esta cerimônia serve tanto como Abertura do Templo quanto como Declaração de Autoridade. Além disso, os Nomes Bárbaros de Evocação servem para "intoxicar" a mente do magista e evocar o estado de consciência necessário.

Feita corretamente (após o Ritual de Banimento do Pentagrama), acreditamos que essa seja a única cerimônia necessária antes de convocar o espírito particular. De fato, nossa experiência mostrou que uma vez que a Invocação Preliminar da *Goetia* tenha sido recitada, a pessoa precisa apenas chamar o espírito pelo nome para ter sucesso em evocá-lo no Triângulo. A repetição da rubrica **"Ouça-me..."** é geralmente suficiente para compelir à obediência os espíritos mais relutantes.

A Invocação foi modificada por Crowley para se conformar às divindades e fórmulas da Thelema e do Novo Aeon. Se você não é

---

10. De um fragmento de *A Graeco-Egyptian Work upon Magic* [Uma obra greco-egípcia de magia], originalmente traduzida por C. W. Goodwin, 1852. Crowley posteriormente adaptaria a obra como o texto central de *Liber Samech*.

um thelemita e tem outra religião ou disciplina espiritual pela qual você seja empoderado, esta cerimônia é facilmente modificada para acomodar suas divindades e fórmulas.

Comece no centro do círculo no quadrado de *Tiphareth*. Recite apenas aquilo que está em negrito. Todos os elementos necessários deste ritual que não estão no texto podem ser encontrados no Apêndice.

A INVOCAÇÃO PRELIMINAR DA *GOETIA* (NOTAS DO *LIBER SAMECH*)

por Aleister Crowley

HEKAS HEKAS ESTI BEBILOI

O Juramento

Eu vos invoco, Não Nascido.
Vós, que criastes a Terra e os Céus.
Vós, que criastes a Noite e o Dia.
Vós, que criastes a Escuridão e a Luz.
Vós sois RA-HOOR-KHUIT, eu mesmo tornado perfeito, a quem nenhum homem viu em qualquer tempo.
Vós sois IA-BESZ, a Verdade na Matéria.
Vós sois IA-APOPHRASZ, a Verdade no Movimento.
Vós distinguistes entre o Justo e o Injusto.
Vós fizestes o Feminino e o Masculino.
Vós produzistes as Sementes e o Fruto.
Vós formastes os Homens para amarem uns aos outros, e odiarem uns aos outros.
Eu sou (lema) **vosso Profeta, a quem Vós confiastes Vossos Mistérios, as Cerimônias de Khem.** (Thelema ou sua disciplina mágica particular.)
Ouvi-me, pois eu sou o Anjo de Nu, Anjo de Had, Anjo de Ra-Hoor-Khu (ou os nomes divinos de sua tradição): **Estes são Vossos Verdadeiros Nomes, transmitidos aos Profetas de Khem** (ou conforme acima).

(Passe no sentido anti-horário [*widdershins*] para o Leste.)

A invocação preliminar da *Goetia* 53

Pentagramas de invocação do Espírito

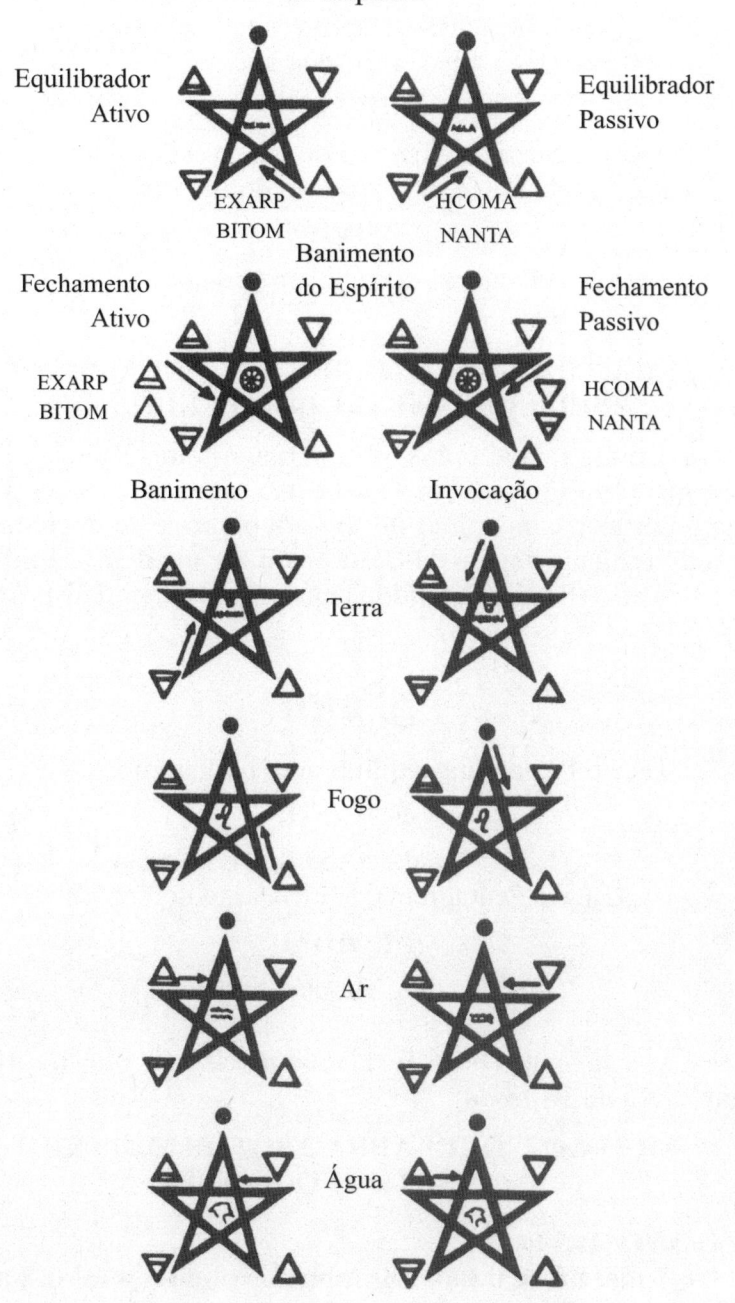

Equilibrador Ativo — EXARP BITOM

Equilibrador Passivo — HCOMA NANTA

Banimento do Espírito

Fechamento Ativo — EXARP BITOM

Fechamento Passivo — HCOMA NANTA

Banimento   Invocação

Terra

Fogo

Ar

Água

– Ar –

(Faça o Pentagrama equilibrador do Espírito,
ativo; ver Apêndice.)

EHEIEH

(Faça o Sinal de Abertura do Véu; ver Apêndice.)
(Faça o Pentagrama de invocação do Ar; ver Apêndice.)

IHVH

(Dê o sinal de Shu; ver Apêndice.)

Ouvi-me:
AR ThIAO RHEIBET A-ThELE-BER-SET A BELAThA
ABEU EBEU PhI-ThETA-SOE IB ThIAO

Ouvi-me, e tornai todos os espíritos sujeitos a mim; para que todo espírito do Firmamento e do Éter; sobre a Terra e sob a Terra, na terra seca e na Água; do Ar rodopiante e do Fogo impetuoso, e todo feitiço e flagelo de Deus possa ser obediente a mim.
(Passe em sentido anti-horário para o Sul.)

– Fogo –

(Faça o Pentagrama equilibrador do Espírito Ativo.)

EHEIEH

(Faça o Sinal de Abertura do Véu.)
(Faça o Pentagrama de invocação do Fogo.)

ELOHIM

(Dê o sinal de Thoum-aesh-neith.)

Eu vos invoco, Deus Terrível e Invisível, que habitais no Lugar Vazio do Espírito:

AR-O-GO-GO-RU-ABRAO SOTOU MUDORIO
PhALARThAO OOO AEPE

Ó Não Nascido.
Ouvi-me, e tornai todos os espíritos sujeitos a mim; para que todo espírito do Firmamento e do Éter; sobre a Terra e sob a Terra,

na terra seca e na Água; do Ar rodopiante e do Fogo impetuoso, e todo feitiço e flagelo de Deus possa ser obediente a mim.
(Passe em sentido anti-horário para o Oeste.)

– Água –

(Faça o Pentagrama equilibrador do Espírito Passivo.)
AGLA
(Faça o Sinal de Fechamento do Véu.)
(Faça o Pentagrama de invocação da Água.)
EL
(Dê o sinal de Auramot.)
Ouvi-me:
RU-ABRA-IAO MRIODOM BABALON-BAL-BIN-ABAOT.
ASAL-ON-AI AphEN-IAO I PHOTETh ABRASAX AEOOU
ISChURE

Poderoso Não Nascido!
Ouvi-me, e tornai todos os espíritos sujeitos a mim; para que todo espírito do Firmamento e do Éter; sobre a Terra e sob a Terra, na terra seca e na Água; do Ar rodopiante e do Fogo impetuoso, e todo feitiço e flagelo de Deus possa ser obediente a mim.
(Passe em sentido anti-horário para o Norte.)

– Terra –

(Faça o Pentagrama equilibrador do Espírito Passivo.)
AGLA
(Faça o Sinal de Fechamento do Véu.)
(Faça o Pentagrama de invocação da Terra.)
ADONAI
(Dê o sinal de Set.)

Eu Vos Invoco:
MA BARRAIO IOEL KOThA AthOR-E-BAL-O-ABRAOT.

Ouvi-me, e tornai todos os espíritos sujeitos a mim; para que todo espírito do Firmamento e do Éter; sobre a Terra e sob a Terra, na terra seca e na Água; do Ar rodopiante e do Fogo impetuoso, e todo feitiço e flagelo de Deus possa ser obediente a mim.

(Passe em sentido anti-horário e retorne
para o Quadrado de *Tiphareth*.)
(Faça o Pentagrama equilibrador do Espírito Ativo.)

EHEIEH

(Faça o Sinal de Abertura do Véu.)

(Faça o Sinal do Sol e da Lua Conjugados.)

(Dê os Sinais de LVX.)

Ouvi-me:
AOT ABAOT BAS-AUMGN. ISAK SA-BA-OT.

(Caia prostrado em adoração.)

Este é o Senhor dos Deuses.
Este é o Senhor do Universo.
Este é Aquele que os Ventos temem. Este é Aquele que, tendo feito a voz por Seu mandamento, é o Senhor de todas as Coisas: Rei, Regente e Auxiliar.

Ouvi-me, e tornai todos os espíritos sujeitos a mim; para que todo espírito do Firmamento e do Éter; sobre a Terra e sob a Terra, na terra seca e na Água; do Ar rodopiante e do Fogo impetuoso, e todo feitiço e flagelo de Deus possa ser obediente a mim.

— Espírito —

(Faça o Pentagrama equilibrador do Espírito, passivo.)

AGLA

(Faça o Sinal de Fechamento do Véu.)

(Faça o Sinal do Sol e da Lua Conjugados.)

(Dê os Sinais de LVX.)

Ouvi-me:
**IEOU PUR IOU IAOTh IAEO IOOU ABRASAX
SABRIAM OO UU AD-ON-A-I EDE EDU ANGELOS TON
ThEON ANLALA LAI GAIA AEPE DIATHARNA
THORON.**

(Retorne à posição em pé.)

Eu sou Ele! O Espírito Não Nascido! Tendo visão nos pés: forte, e o Fogo Imortal!
Eu sou Ele! A Verdade!
Eu sou Ele! Que odeia que o mal seja produzido no Mundo!
Eu sou Ele, que relampeia e troveja!
Eu sou Ele, de quem provém a Chuva da Vida da Terra!
Eu sou Ele, cuja boca sempre flameja!
Eu sou Ele, o criador e manifestador da Luz!
Eu sou Ele, a Graça dos Mundos!

"O Coração Cingido com uma Serpente" é o meu nome!

Vinde e segui-me: e tornai todos os espíritos sujeitos a mim; para que todo espírito do Firmamento e do Éter; sobre a Terra e sob a Terra, na terra seca e na Água; do Ar rodopiante e do Fogo impetuoso, e todo feitiço e flagelo de Deus possa ser obediente a mim.
IAO: SABAO
Tais são as Palavras!

A Conjuração

Após a Invocação Preliminar da *Goetia*, o magista deve estar em um estado mental poderosamente excitado. O indivíduo deve saber, sem sombra de dúvida, que ele ou ela tem a autoridade espiritual para comandar os espíritos, e que nenhum espírito será capaz de resistir à Conjuração. É suficiente neste ponto apontar sua Vara para o Triângulo e dizer algo como:

Ouça-me, ó espírito (Nome), e apareça diante deste Círculo em uma bela forma humana. Venha pacificamente e visivelmente, diante de mim no Triângulo da arte.

Repita o nome do espírito diversas vezes até que você "veja" ou o sinta no Triângulo.

Deve ser notado que uma grande porção da *Goetia* original é dedicada a Conjurações e Maldições cada vez mais fortes, destinadas a serem usadas se o espírito reluta em vir. Se ele ainda não aparecer, há até mesmo invocações do Rei que é o "chefe" do seu espírito.

A mera existência dessas Conjurações extras é suficiente para criar um nível de dúvida na mente do magista de que sua primeira Conjuração pode não ser forte o suficiente. Se você estiver preocupado desde o início que sua Conjuração não irá funcionar, *então há chances de que ela não funcione.*

Sugerimos fortemente que você mantenha sua Conjuração curta e simples, e que você a recite imediatamente após a Invocação Preliminar, quando sua força está em seu auge.

Se for óbvio que o espírito não obedeceu à sua Conjuração; se você estiver *certo* de que não há algo (visível ou invisível) no Triângulo, você pode simplesmente declarar que, uma vez que o espírito não irá cooperar com você, então você não tem escolha a não ser aniquilá-lo e removê-lo para sempre do seu universo.

"Se você não é por mim, você é contra mim, e se você não consentir imediatamente com meus desejos, eu queimarei seu Selo até as cinzas e removerei você para sempre do meu Universo."

Nossa experiência mostrou que essa simples ameaça é suficiente para fazer o espírito mais desobediente "aparecer". Usualmente, neste ponto, o espírito quer aparecer, receber suas ordens e sair dali. A memorização das longas Conjurações dos textos clássicos só é necessária se o senso que o magista tem da Arte o exigir.

A seguir está uma Conjuração adaptada por Aleister Crowley e traduzida por ele para a linguagem "angélica" do enochiano. Crowley obviamente sentia que a linguagem enochiana tinha aplicações mais universais do que apenas aquelas relacionadas à mágicka enochiana. Como uma questão de fato, conforme mencionado anteriormente, há toda razão para crermos que quando Crowley realizava evocações *goéticas* ele simplesmente usava a Primeira e a Segunda Chamadas do sistema enochiano. (Ver *The Enochian World of Aleister Crowley: Enochian Sex Magick* [O mundo enochiano de Aleister Crowley: mágicka sexual enochiana], The Original Falcon Press, e o trecho seguinte à Conjuração abaixo.)

Arranjamos a Conjuração com a tradução inglesa aparecendo diretamente abaixo de cada linha do enochiano. Fizemos nosso melhor para tornar a tradução clara o suficiente para o leitor criar uma conjuração própria. Como você pode ver, Crowley ocasionalmente simplificou ou parafraseou porções do texto. Se você quiser aprender mais sobre a mágicka enochiana, encorajamos você a consultar o texto mencionado acima, que inclui um excelente dicionário *enochiano*.

A Primeira Conjuração

(Em enochiano e português)

Ol vinu od zodakame, Ilasa, Gahé N: od
Eu vos invoco e movo, ó vós, espírito N: e

elanusahé vaoresagi Iaida,
sendo exaltado acima de vós pelo poder do Altíssimo,

gohusa pujo ilasa, darebesa! do-o-i-apé
eu vos digo, obedecei! Em nome de

Beralanensis, Baldachiensis, Paumachia, od
Beralanensis, Baldachiensis, Paumachia, e

Apologiae Sedes: od micaelzodo aretabasa
Apologiae Sedes: e dos poderosos que governam

gahé, mire Liachidae od qouódi Salamanu
espíritos, Liachidae e ministros da Casa

telocahé: od Tabaäme Otahila Apologiae
da Morte: e pelo Príncipe Chefe do assento de Apologia

do em Poamala, ol vinu-ta od zodaméta!
na Nona Legião, eu vos invoco e vos conjuro!

Od elanusahé vaoresagi Iaida,
E sendo exaltado acima de vós pelo poder do Altíssimo,

gohusa pujo ilasa darebesa! Do-o-i-apé totza das
eu vos digo, obedecei! Em nome daquele que

cameliatza od asá, kasaremé tofagilo od tolergi
falou e assim foi, a quem todas as criaturas e coisas

darebesa. Pilahé ol, das Iada oela azodiazodore
obedecem. Além disso eu, a quem Deus fez à semelhança de

Iada, das i qo-o-al marebi totza jijipahé
Deus, que é o criador segundo seu sopro vivo,

larinuji ilasa do-o-i-apé das i salada
vos agito em nome daquela que é a voz da maravilha

micaelzodo Iada, El, micaelzodo od adapehaeta:
do poderoso Deus, El, forte e indizível:

ilasa gahé N. Od ol gohusa pujo ilasa, darebesa,
ó vós espírito N. E vos digo, obedecei,

do-o-i-apé totza das cameliatza od isa; od do
em nome daquele que falou e assim foi; e por

vomesareji, do-o-i-ainu Iada! Phiahé do-o-i-apé
cada um de vós, ó vós nomes de Deus! Além disso em nome de

Adonai, El, Elohim, Elohi, Ehyeh Asher Ehyeh,
Adonai, El, Elohim, Elohi, Ehyeh Asher Ehyeh,

Zabaoth, Elion, Iah, Tetragrammaton, Shaddai,
Zabaoth, Elion, Iah, Tetragrammaton, Shaddai,

Enayo Iad Iaida, ol larinuji ilasa; od
Senhor Deus Altíssimo, eu vos agito; e

do-vameopelifa gohus darbesa! ilasa gahé N.
em nossa força eu digo, obedecei! Ó vós espírito N.

Zodameranu ca-no-quoda olé oanio; asapeta
Aparecei perante os servos Dele em um momento; diante do

komeselahe azodiazodore olalore; od
círculo à semelhança de um homem; e

fetahé-are-zodi. Od do-o-a-ipé adapehaheta
me visite em paz. E pelo nome inefável

Tetragrammaton Jehovah, gohus, darebesa! soba
Tetragrammaton Iehovah, eu digo, obedecei! Por cujo

sapahé elonusahinu nazoda poilapé,
poderoso som sendo exaltado em poder os pilares são divididos,

zodonugonu caelazod holado; pereje je-ielaponu;
os ventos do firmamento gemem alto; o fogo queima;

caosaga zodaca do-jizodajazoda; od tofajilo
a terra se move em terremotos; e todas as coisas

Salamann perepesol od caosaji, od faorejita
da casa do céu e da terra, e da morada

oresa cahisa tá jizodajazoda, od cahisa do-mire,
da escuridão são como terremotos, e estão em tormenta,

od ovankaho do-koratzo. Niisa eca, ilasa gahé N.
e são confundidas em trovão. Vinde, portanto, ó espírito N.

olé oanio: christeos faorejita afafa,
deixai vazia vossa morada,

imumamare Iaida, od darebesa na-e-el.
aplicai a nós os segredos da Verdade, e obedecei meu poder.

Nissa, fatahe-are-zodi zodameru pujo
Vinde, visitai-nos em paz, aparecei aos

ooaona; zodoreje: darebesa jijipahé! Lapé ol
meus olhos; sede amigável: Obedecei ao sopro vivo! Pois eu

larinuji-ta do-o-i-apé Iada Vaoanu das apila,
vos agito em nome do Deus da Verdade que vive para sempre,

Helioren. Darebesa jijipahé, eca,
Helioren. Obedecei ao sopro vivo, portanto,

do-miame pujo valasa, tá anugelareda:
continuamente até o fim, conforme meus pensamentos:

zodameru ooana: zodoreje: gohola iaiada
aparecei aos meus olhos: sede amigável: falando segredos da Verdade

do-bianu od do-omepe!
em voz e em entendimento!

Abaixo estão a Primeira e a Segunda Chamadas do sistema enochiano, que também servem como excelentes Conjurações *goéticas*. Como enunciado anteriormente, a Segunda Chamada foi copiada por Crowley na parte interna da capa detrás de sua própria cópia da *Goetia*.

Os magistas que desejem utilizar as Chamadas como conjurações devem inserir o que se segue imediatamente após a Invocação Preliminar da *Goetia*.

A ABERTURA DO PORTAL
DO COFRE DOS ADEPTOS
PAROKETH, o Véu do Santuário.
O Sinal de Abertura do Véu.
O Sinal de Fechamento do Véu.
[Dê estes.]
Faça os Pentagramas de Invocação do Espírito.
Pelo número 21, pela grande palavra AHIH;
pelo Nome YHShVH, pela senha I. N. R. I.,
ó espíritos da Tábua do Espírito,
a vós, a vós, eu invoco!
O sinal de Osíris assassinado!
O sinal de Ísis em luto!
O sinal de Apófis e Tífon!
O sinal de Osíris ressuscitado!
L. V. X., Lux. A Luz da Cruz.
[Dê estes.]
Em nome de IHVH ALVH VDOTh, eu declaro que os espíritos do
Espírito foram devidamente invocados. A Batida
1 – 4444

A Primeira Chave

OL sonuf vaoresaji, gohu IAD Balata elanusaha caelazod: sobrazod-ol Roray i ta nazodapesad, Giraa ta maelpereji, das hoel-qo qaa notahoa zodimezod, od comemahe ta nobeloha zodien; soba tahil ginonupe pereje aladi, das vaurebes obolehe giresam. Casarem ohorela caba Pire: das zodonurenusagi cab: erem Iadanahe. Pilahe farezodem zodenurezoda adana gono Iadapiel das home-tohe: soba ipame lu ipamis: das sobolo vepe zodomeda poamal, od bogira aai tá piape Piamoel od Vaoan (ou Vooan em invocações de espíritos caídos)! Zodacare, eca, od zodameru! odo cicale Qaa; zodoreje, lape zodiredo Noco Mada, Hoathahe I A I D A!

A PRIMEIRA CHAVE
(Em português)

EU REINO sobre vós, disse o Deus da Justiça, em poder exaltado acima do Firmamento da Ira, em cujas mãos o Sol é como uma espada, e a Lua como um Fogo golpeante: que mediu vossas roupas em meio às minhas vestes, e vos costurou unidos como as palmas das minhas mãos. Cujos assentos eu guarneci com o Fogo da Reunião, e embelezei vossas vestes com admiração. Para quem eu fiz uma lei para governar os Sagrados, e vos entreguei uma Vara, com a Arca do Conhecimento. Além disso, elevastes vossas vozes e jurastes obediência e fé a Ele que vive e triunfa: cujo princípio não é, nem fim não pode ser: que brilha como uma chama em meio a vossos palácios, e reina entre vós como a balança da retidão e da verdade!

Movei-vos, portanto, e mostrai-vos! Abri os mistérios de vossa criação! Sede amigáveis para comigo, pois eu sou o Servo de vosso mesmo Deus: o verdadeiro adorador do Altíssimo!

A Segunda Chave

ADAGITA vau-pa-ahe zodonugonu fa-a-ipe salada! Vi-i-vau el! Sobame ial pereji i-zoda-zodazod pi-adapehe casarema aberameji ta ta-labo paracaleda qo-ta lores-el-qo turebesa ooge balatohe! Giui cahisa lusada oreri od micalapape cahisa bia ozodonugonu! lape noanu tarofe coresa tage o-quo maninu IA-I-DON. Torezodu! gohe-el, zodacare eca ca-no-quoda! zodameru micalazodo od ozadazodame vaurelar; lape zodir IOIAD!

A SEGUNDA CHAVE
(Em português)

PODEM as Asas dos Ventos compreenderem suas vozes de Maravilha? Ó vós! Os segundos dos Primeiros! A quem as chamas que queimam formaram nas profundezas de minhas mandíbulas! A quem eu preparei como copos para uma boda, ou como as flores em sua beleza para a câmara da Retidão! Vossos pés são mais fortes que a pedra árida: e mais poderosas são vossas vozes do que os muitos ventos! Pois vós vos tornastes um edifício tal como não há, salvo na Mente do Todo-Poderoso.

Erguei-vos, disse o Primeiro: movei-vos portanto para seus servos! Mostrai-vos em poder, e fazei de mim um forte Vidente-de-coisas: pois eu sou Aquele que vive para sempre!

A Incumbência ao Espírito

Portanto, não temei os espíritos, mas sede firme e cortês para com eles; pois não tendes nenhum direito de desprezá-los ou insultá-los; e também isto pode te extraviar. Comandai-os e bani-os, amaldiçoai-os pelos Grandes Nomes se preciso for; mas não zombai deles ou insultai-os, pois assim serás certamente levado ao erro.

– Aleister Crowley, *Liber Librae*, adaptado de um documento da Aurora Dourada

Você pode, ou não, "ver" realmente o espírito no Triângulo. Muito frequentemente você sentirá primeiro a presença no Triângulo e depois uma imagem pode começar a aparecer na fumaça do incenso. Se você utilizar um Espelho Negro no Triângulo, muito frequentemente verá ao menos alguma distorção de sua própria imagem, mas se espera ver imediatamente um desenho animado sólido ou uma imagem holográfica projetados no Triângulo, muito provavelmente ficará desapontado.

Sentimos que é um erro gastar tempo e energia demais tentando forçar-se a *ver* o espírito. Você está aqui para *comandar* um espírito, não para explorar uma visão.

Quando se sentir certo de que o espírito está no Triângulo, dê-lhe as boas-vindas graciosamente e agradeça-lhe por vir.

Proceda imediatamente a emitir suas instruções. Formule seus comandos de modo a evitar ambiguidades que forneçam saídas que o espírito possa usar para evitar cumprir a intenção de suas instruções. (A história clássica da *Pata do Macaco* serve como um excelente exemplo.) Nunca deixe de estipular que você quer suas instruções cumpridas sem danos para você ou para seus entes amados.

Forneça limitações específicas sobre o tempo que você quer que suas instruções sejam executadas. Diga ao espírito, em termos não incertos, que se ele desobedecer às instruções e não cumprir o prazo, você o conjurará novamente e emitirá um ultimato bastante estrito. (Se isto se tornar necessário, não deixe de fazê-lo exatamente quando disse que faria. Diga que você está lhe dando mais uma oportunidade de cumprir sua incumbência, ou você queimará lentamente o Selo dele até que ele seja absolutamente destruído. Não blefe. Se disser que vai fazer algo, faça.)

IMPORTANTE: *Permaneça no controle da situação. Todos os aspectos da evocação devem ser conforme os termos do magista.* Mesmo embora você possa achar isto fascinante, não entre em conversas desnecessárias com o espírito. É bastante comum que o espírito tente fazer um acordo com o magista ou inicie negociações nos termos do espírito. Deve-se resistir firmemente, embora cortesmente, a isto a todo custo.

Você pode, caso se sinta magnânimo, dizer ao espírito que depois que ele executar suas ordens satisfatoriamente, você fará algo de bom para ele reconhecer sua lealdade; gravar o Selo dele em metal precioso, ou alguma honra assim. Mas você deve tomar o cuidado especial de assegurar ao espírito que, enquanto ele permanecer leal e obediente, ele partilhará de sua boa fortuna e sucesso espiritual. Você irá erguê-lo conforme você for erguido.

A licença para partir

Depois de ter dado ao espírito suas instruções, dê-lhe permissão para ir e começar a trabalhar para você. A licença para partir clássica contém palavras neste sentido:

"Parta agora e esteja pronto para vir sempre que eu chamá-lo, seja no Triângulo ou não. Vá! Vá pacificamente sem causar dano a mim ou a meus entes amados."

Depois disso você se liberta do *sentimento* que experimentou quando sentiu pela primeira vez a presença do espírito. O estado mental que você buscava no início da cerimônia deve ter sumido. "Saia dele! – AGORA."

Uma vez que você tenha retornado a uma "consciência desperta" e objetiva, realize novamente o Ritual de Banimento do Pentagrama e desmonte o Templo. Remova o Selo do Triângulo e coloque-o no local que você preparou para ele.

Então esqueça a coisa toda por tanto tempo quanto puder. Quanto mais você puder soltar isto de sua mente, mais rápido o espírito poderá ir trabalhar para você.

Capítulo Oito
Os 72 espíritos

A lista de espíritos que se segue é proveniente da *Goetia* original de Crowley – que inclui também muitos outros pré-requisitos para a evocação. O tempo era especialmente importante para os praticantes antigos. Mesmo embora não desejemos desencorajar qualquer praticante que deseje tornar a observação dos dias e horas parte de seu trabalho, a experiência de muitos magistas modernos mostrou que os espíritos são facilmente evocados a qualquer hora do dia ou da noite e em qualquer dia do ano.

No *777* (Weiser, 1986) de Crowley, nas colunas 155, 157, 159, 161, 163 e 165, ele atribuiu os 72 espíritos da *Goetia* (em pares, Dia/Noite) aos decanos do zodíaco. Ao fazê-lo, ele estabeleceu uma relação com as cartas pequenas do Tarô e, é claro, com os dias do ano.

Incluímos esta informação juntamente com os atributos tradicionais dos espíritos no texto a seguir. Alertamos o leitor para que se lembre de que essas correspondências não servem para definir perfeitamente umas ou outras. Por exemplo, o espírito Bael é atribuído às horas diurnas dos primeiros dez graus de Áries, e estes graus são representados no Tarô pelo DOIS DE PAUS; mas isso não significa necessariamente que em todos os assuntos Bael é o DOIS DE PAUS, ou que o DOIS DE PAUS sempre representa Bael.

Para ilustrar como essa informação poderia ser útil, oferecemos o seguinte exemplo:

Um magista está perturbado por um problema pessoal ou magístico, digamos um desentendimento com um amigo ou colega. Ele decide realizar uma adivinhação com o Tarô para obter uma intuição sobre como proceder para corrigir a situação. A carta final em sua leitura de Tarô é o OITO DE ESPADAS (Interferência). Este, por si mesmo, define a situação de modo bastante acurado, mas não lhe dá uma pista muito boa quanto ao que fazer. Mas ele nota que o OITO DE ESPADAS representa os primeiros dez graus de Gêmeos, e que esse período é representado (no período diurno) pelo sétimo espírito *goético*, AMON, que, entre outras coisas, "diz todas as coisas passadas e por vir, e soluciona hostilidades e reconcilia controvérsias entre amigos". Após alguma reflexão, ele decide evocar AMON para o propósito de "reconciliar a controvérsia".

É necessário apenas um pouco de imaginação para enxergar outras aplicações para essas correspondências.

As ilustrações dos 72 espíritos que aparecem a seguir são o trabalho do artista clarividente David P. Wilson, que é também um talentoso e competente magista *goético*. Ao longo de um período de 15 anos, ele evocou cada um dos espíritos pelo menos uma vez, e registrou algumas das experiências *goéticas* mais notáveis que já encontramos.

Mas é muito importante que você lembre que, uma vez que duas pessoas nunca têm o mesmo "vocabulário" visual-emocional, as imagens do universo *goético* serão únicas para cada um de nós. Quando você participar de uma evocação, muito provavelmente "verá" algo inteiramente diferente das imagens descritas e ilustradas a seguir. Não pense que esses esboços são o que você *deve* ver quando evocar qualquer espírito particular. Eles são destinados a servir apenas como trampolins para sua imaginação.

INTRODUÇÃO:
DA *GOETIA*

Estes são os 72 poderosos Reis e Príncipes que o rei Salomão ordenou entrarem em um recipiente de bronze, juntamente com suas legiões. Dos quais BELIAL, BILETH, ASMODAY e GAAP eram os Chefes. E deve ser notado que Salomão fez isso por causa do orgulho deles, pois ele nunca declarou outra razão pela qual ele assim os prendeu. E quando ele os havia assim prendido, e selado o recipiente, ele os lançou a todos, por meio do Poder Divino, em um profundo lago ou buraco na Babilônia. E os habitantes da Babilônia, admirando-se de ver tal coisa, adentraram inteiramente o lago para abrir o recipiente, esperando encontrar ali um grande tesouro. Mas quando o abriram, para fora saíram imediatamente os espíritos Chefes, seguidos por suas legiões; e todos foram restaurados a seus lugares anteriores, exceto BELIAL, que entrou em uma certa imagem, e a partir de então forneceu respostas àqueles que lhe ofereciam sacrifícios e adoravam a imagem como seu Deus.

OBSERVAÇÕES

Primeiro, deveis conhecer e observar a fase da Lua para vosso trabalho. Os melhores dias são quando a Lua Luna está com 2, 4, 6, 8, 10, 12 ou 14 dias, como disse Salomão; e nenhum outro dia é vantajoso. Os Selos dos 72 Reis devem ser feitos de metal. Os dos Reis Chefes em Sol (Ouro); os dos Marqueses em Luna (Prata); os dos Duques em Vênus (Cobre); os dos Prelados em Júpiter (Estanho); os dos Cavaleiros em Saturno (Chumbo); os dos Presidentes em Mercúrio (Mercúrio); os dos Condes em Vênus (Cobre) [as notas de Crowley sugerem Marte (Ferro) – Ed.], e Luna (Prata), conforme as semelhanças, etc.

Estes 72 Reis estão sob o poder de AMAYMON, CORSON, ZIMIMAY ou ZIMINIAR, e GOAP, que são os Quatro Grandes Reis que governam nos Quatro Quadrantes ou Pontos Cardeais,[11] a saber: Leste, Oeste, Norte e Sul, e não devem ser convocados exceto em grandes ocasiões; mas devem ser invocados e comandados para enviar tal ou tal espírito que estiver sob seu poder e regência,

---

11. Estes quatro Grandes Reis são usualmente chamados de Oriens ou Uriens, Paymon ou Paymonia, Ariton ou Egyn, e Amaymon ou Amaimon. Pelos rabinos, eles são frequentemente chamados de Samael, Azazel, Azäel e Mahazael.

como é mostrado nas Invocações ou Conjurações a seguir. E os Reis Chefes podem ser aprisionados das 9 até as 12 horas no meio-dia, e das 3 até o pôr do sol; os Marqueses podem ser aprisionados das 3 da tarde até as 9 da noite, e das 9 da noite até o nascer do sol; os Duques podem ser aprisionados do nascer do sol até o meio-dia em clima claro; os Prelados podem ser aprisionados a qualquer hora do dia; os Cavaleiros podem do nascer da madrugada até o nascer do sol, e das 4 horas até o pôr do sol; os Presidentes podem ser aprisionados a qualquer hora, exceto no crepúsculo, à noite, a menos que o Rei pelo qual são regidos seja invocado; e os Condes a qualquer hora do dia, contanto que seja nos bosques, ou em quaisquer outros lugar aos quais os homens não recorrem, ou onde não há nenhum ruído, etc.

Aqui seguem as imagens dos 72 espíritos e seus Selos.

Lucifuge Rofocale
Primeiro Ministro do Inferno
Baseado em uma ilustração do século XVII
no *Grand Grimoire* original.

Bael

REI

1º – 10º ÁRIES (dia)
21 – 30 de março

DOIS DE PAUS   SOL – OURO

O primeiro espírito principal é chamado Bael, um Rei que governa no Leste. Ele pode tornar o magista invisível. Ele governa 66 legiões de espíritos infernais. Ele pode aparecer sob muitas formas, às vezes como um gato, às vezes como um sapo, às vezes como um homem, e às vezes com todas essas formas de uma vez. Ele fala de modo rouco.

Agares

DUQUE

10º – 20º ÁRIES (dia)
31 de março – 10 de abril

TRÊS DE PAUS   VÊNUS – COBRE

O segundo espírito é um Duque chamado Agreas, ou Agares. Ele está sob o poder do Leste, e vem na forma de um belo homem velho, montado em um crocodilo, portando um gavião no punho. Ele tem aparência suave. Ele faz correr aqueles que ficam parados, e traz de volta fugitivos. Ele ensina todas as línguas e linguagens. Ele tem o poder de destruir dignidades temporais e espirituais, e provoca terremotos. Ele era da Ordem das Virtudes. Ele governa 31 legiões de espíritos.

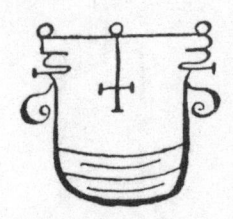

Vassago

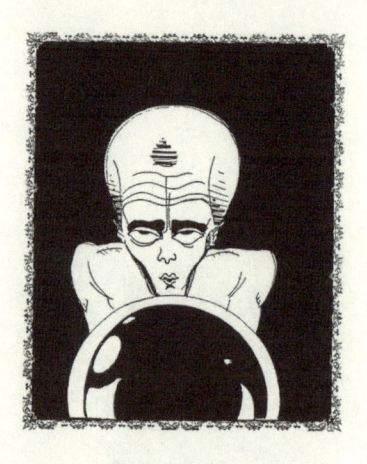

PRÍNCIPE

20º – 30º ÁRIES (dia)
11 – 20 de abril

QUATRO DE PAUS   JÚPITER – ESTANHO

O terceiro espírito é chamado Vassago, e é um poderoso Príncipe. Ele é da mesma natureza que Agares. Este espírito é de uma natureza boa, e seu ofício é declarar coisas passadas e por vir, e descobrir todas as coisas escondidas ou perdidas. Ele governa 26 legiões de espíritos.

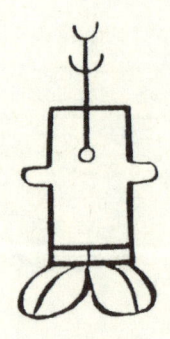

𝔖𝔞𝔪𝔦𝔤𝔦𝔫𝔞

MARQUÊS

1º – 10º TOURO (dia)
21 – 30 de abril

CINCO DE OUROS   LUA – PRATA

O quarto espírito é Samigina, ou Gamigin, um grande Marquês. Ele aparece na forma de um pequeno cavalo ou asno, e então muda para a forma humana a pedido do magista. Ele fala com uma voz rouca. Ele ensina todas as ciências liberais e presta explicações sobre almas mortas que morreram em pecado. Ele governa 30 legiões de inferiores.

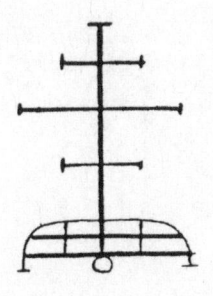

𝔐𝔞𝔯𝔟𝔞𝔰

PRESIDENTE

10º – 20º TOURO (dia)
1 – 10 de maio

SEIS DE OUROS   MERCÚRIO – MERCÚRIO

O quinto espírito é Marbas. Ele é um grande Presidente, e aparece de início na forma de um grande leão, mas depois, a pedido do magista, assume a forma humana. Ele responde verdadeiramente acerca de coisas escondidas ou secretas. Ele provoca doenças e cura-as. Ele concede grande sabedoria e conhecimento nas artes mecânicas e pode fazer os homens mudarem de forma. Ele governa 36 legiões de espíritos.

Valefor

DUQUE

20º – 30º TOURO (dia)
11 – 20 de maio

SETE DE OUROS   VÊNUS – COBRE

O sexto espírito é Valefor. Ele é um poderoso Duque, e aparece na forma de um leão com uma cabeça de asno, bramindo (ou mugindo). Ele é um bom familiar, mas tenta o magista a roubar. Ele governa dez legiões de espíritos. Seu Selo deve ser vestido, quer você venha a tê-lo como familiar ou não.

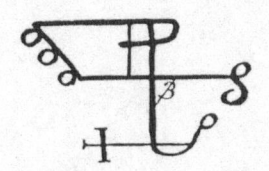

Amon

MARQUÊS

1º – 10º GÊMEOS (dia)
21 – 31 de maio

OITO DE ESPADAS   LUA – PRATA

O sétimo espírito é Amon. Ele é um Marquês de grande poder, e bastante severo. Ele aparece como um lobo com uma cauda de serpente. De sua boca saem labaredas de fogo; mas ao comando do magista ele assume a forma de um homem com dentes de cachorro em uma cabeça de corvo; ou simplesmente como um homem com cabeça de corvo. Ele diz todas as coisas passadas e por vir. Ele soluciona hostilidades e reconcilia controvérsias entre amigos. Ele governa 40 legiões de espíritos.

𝕭𝖆𝖗𝖇𝖆𝖙𝖔𝖘

DUQUE

10º – 20º GÊMEOS (dia)
1 – 10 de junho

NOVE DE ESPADAS   VÊNUS – COBRE

    O oitavo espírito é Barbatos. Ele é um grande Duque, e aparece quando o Sol está em Sagitário, com quatro nobres Reis e suas companhias de grandes tropas. Ele concede a compreensão do canto dos pássaros e das vozes de outras criaturas, tais como o latido dos cães. Ele abre tesouros escondidos que foram preparados pelos encantamentos de magistas. Ele é da Ordem das Virtudes, da qual ele ainda retém alguma parte; e ele conhece todas as coisas passadas e por vir, e concilia amigos e aqueles que estão no poder. Ele governa 30 legiões de espíritos.

Paimon

REI

20º – 30º GÊMEOS (dia)
11 – 20 de junho

DEZ DE ESPADAS   SOL – OURO

O nono espírito nesta ordem é Paimon, um grande Rei, e muito obediente a LÚCIFER. Ele aparece na forma de um homem sentado em um dromedário, com uma coroa gloriosíssima sobre sua cabeça. Diante dele marcha uma hoste de espíritos, como homens com trombetas e címbalos, e todos os outros tipos de instrumentos musicais. Ele tem uma grande voz, e ruge em sua primeira vinda, e sua fala é tal que o magista não será capaz de entendê-lo a menos que ele seja compelido. Ele pode ensinar todas as artes e ciências, e outras coisas secretas. Ele pode lhe revelar o que é a Terra, e o que a sustenta nas Águas; e o que é a mente, e onde ela está; ou qualquer outra coisa que você possa desejar saber. Ele concede dignidade e a confirma. Ele prende ou torna qualquer homem sujeito ao magista se este assim desejar. Ele concede bons familiares, que podem ensinar todas as artes. Ele deve ser observado na direção oeste. Ele é da Ordem das Dominações (Domínios). Ele tem sob seu comando 200 legiões de espíritos, e parte deles são da Ordem dos Anjos, e a outra parte da Potestades. Agora, se você convocar este espírito Paimon sozinho, deve lhe fazer alguma oferenda; e o acompanharão dois Reis chamados LABAL e ABALIM, e também outros espíritos que são da Ordem das Potestades em sua hoste, e 25 legiões. E aqueles espíritos que são sujeitos a eles não estão sempre com eles a menos que sejam compelidos pelo magista.

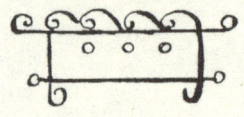

Buer

PRESIDENTE

1º – 10º CÂNCER (dia)
21 de junho – 1 de julho

DOIS DE COPAS   MERCÚRIO – MERCÚRIO

O décimo espírito é Buer, um grande Presidente. Ele aparece como um arqueiro quando o Sol está em Sagitário. Ele ensina filosofia, tanto moral quanto natural, e a arte da lógica, e também as virtudes de todas as ervas e plantas. Ele cura todas as indisposições no homem, e concede bons familiares. Ele governa 50 legiões de espíritos.

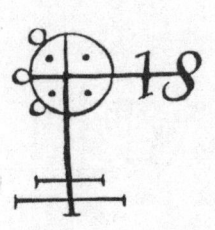

Gusion

DUQUE

10º – 20º CÂNCER (dia)
2 – 11 de julho

TRÊS DE COPAS   VÊNUS – COBRE

    O décimo primeiro espírito na ordem é um grande e forte Duque chamado Gusion. Ele aparece como um xenópilo (uma criatura de cabeça azul ou de cabeça estranha). Ele diz todas as coisas, passadas, presentes e por vir, e mostra o significado e a resolução de todas as perguntas que você possa fazer. Ele concilia e reconcilia amizades, e concede honra e dignidade a qualquer um. Ele governa 40 legiões de espíritos.

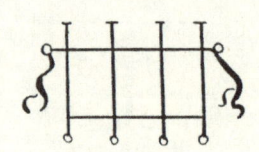

Sitri

PRÍNCIPE

20º – 30º CÂNCER (dia)
12 – 21 de julho

QUATRO DE COPAS   JÚPITER – ESTANHO

O décimo segundo espírito é Sitri. Ele é um grande Príncipe, e aparece de início com uma cabeça de leopardo e as asas de um grifo, mas após o comando do magista ele assume uma forma humana muito bela. Ele inflama os homens com o amor das mulheres, e as mulheres com o amor dos homens; e faz também com que eles se mostrem nus se assim for desejado. Ele governa 60 legiões de espíritos.

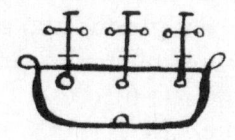

Beleth

REI

1º – 10º LEÃO (dia)
22 de julho – 1 de agosto

CINCO DE PAUS   SOL – OURO

O décimo terceiro espírito é chamado Beleth (ou Bileth, ou Bilet). Ele é um terrível e poderoso Rei. Ele cavalga um cavalo claro. Trombetas e outros tipos de instrumentos musicais tocam diante dele. Ele é muito furioso em sua primeira aparição, isto é, enquanto o exorcista acalma sua coragem; pois para fazer isso ele deve segurar uma Vara de aveleira em sua mão, golpeando com ela na direção dos quadrantes Sul e Leste, fazer um Triângulo, sem o Círculo, e então comandar que o espírito entre nele mediante as Obrigações e Incumbências dos espíritos. Se ele não entrar no Triângulo, após suas ameaças, recite as Obrigações e Encantamentos diante dele, e ele então prestará obediência e entrará no Triângulo, e fará o que lhe for comandado pelo exorcista. Contudo, o magista deve recebê-lo com cortesia, pois ele é um grande Rei, e deve lhe prestar homenagem, como o fazem os Reis e Príncipes que o acompanham. E você deve ter sempre um Anel de prata no dedo médio de sua mão esquerda mantido diante de seu rosto, como é feito perante AMAYMON, para ser protegido do hálito flamejante do espírito enfurecido. Este grande Rei Beleth provoca todo o amor que pode haver, tanto dos homens quanto das mulheres, até que o mestre exorcista tenha tido seu desejo satisfeito. Ele é da Ordem das Potências, e governa 85 legiões de espíritos.

Leraje

MARQUÊS

10º – 20º LEÃO (dia)
2 – 11 de agosto

SEIS DE PAUS   LUA – PRATA

O décimo quarto espírito é chamado Leraje (ou Leraikha, ou Leraie). Ele é um Marquês de grande poder. Ele aparece, quando o Sol está em Sagitário, à semelhança de um arqueiro trajando verde, portando um arco e uma aljava. Ele provoca grandes batalhas e disputas, e faz apodrecerem ferimentos que são feitos com flechas por arqueiros. Ele governa 30 legiões de espíritos.

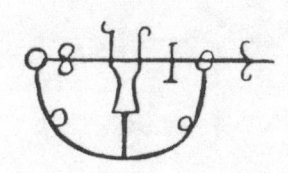

Eligos

DUQUE

20º – 30º LEÃO (dia)
12 – 22 de agosto

SETE DE PAUS　　　　　VÊNUS – COBRE

O décimo quinto espírito na ordem é Eligos, um grande Duque, e aparece na forma de um belo cavaleiro portando uma lança, uma insígnia e uma serpente. Ele descobre coisas escondidas e conhece as coisas por vir; e sabe sobre as guerras, e como os soldados irão ou devem se encontrar. Ele provoca o amor de senhores e pessoas importantes. Ele governa 60 legiões de espíritos.

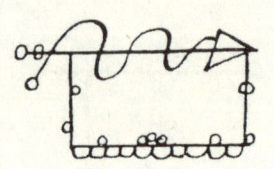

Zepar

DUQUE

1º – 10º VIRGEM (dia)
23 de agosto – 1 de setembro

OITO DE OUROS					VÊNUS – COBRE

O décimo sexto espírito é Zepar. Ele é um grande Duque, e aparece com um traje vermelho e armadura, como um soldado. Seu ofício é fazer as mulheres amarem os homens, e reuni-los no amor. Ele também as torna estéreis. Ele governa 26 legiões de espíritos inferiores.

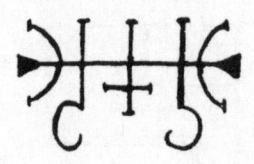

Botis

PRESIDENTE

10º – 20º VIRGEM (dia)
2 – 11 de setembro

NOVE DE OUROS   MERCÚRIO – MERCÚRIO

    O décimo sétimo espírito é Botis, um grande Presidente, e um Conde. Ele aparece de início na forma de uma feia víbora, depois, a comando do magista, ele assume uma forma humana com grandes dentes e dois chifres, trazendo na mão uma espada brilhante e afiada. Ele diz todas as coisas passadas e por vir, e reconcilia amigos e inimigos. Ele governa 60 legiões de espíritos.

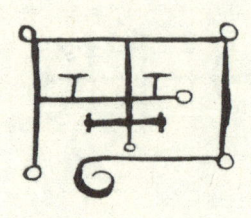

Bathin

DUQUE

20º – 30º VIRGEM (dia)
12 – 22 de setembro

DEZ DE OUROS	VÊNUS – COBRE

O décimo oitavo espírito é Bathin. Ele é um poderoso e forte Duque, e aparece como um homem forte com cauda de serpente, sentado em um cavalo ou asno de cor clara. Ele conhece as virtudes das ervas e pedras preciosas, e pode transportar os homens subitamente de um país a outro. Ele governa 30 legiões de espíritos.

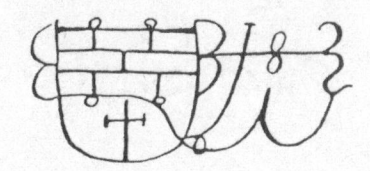

Sallos

DUQUE

1º – 10º LIBRA (dia)
23 de setembro – 2 de outubro

DOIS DE ESPADAS   VÊNUS – COBRE

O décimo nono espírito é Sallos (ou Saleos). Ele é um grande e poderoso Duque, e aparece na forma de um soldado galante montado em um crocodilo, com uma coroa ducal em sua cabeça. Ele é bastante pacífico. Ele provoca o amor das mulheres pelos homens, e dos homens pelas mulheres, e governa 30 legiões de espíritos.

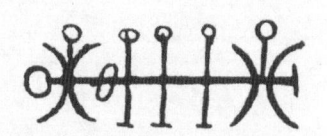

Purson

REI

10º – 20º LIBRA (dia)
3 – 12 de outubro

TRÊS DE ESPADAS   SOL – OURO

    O vigésimo espírito é Purson, um grande Rei. Sua aparição é graciosa, como um homem com a face de um leão, carregando uma víbora cruel na mão, e montado em um urso. Diante dele vão soando muitas trombetas. Ele conhece todas as coisas escondidas e pode descobrir tesouros, e dizer todas as coisas passadas, presentes e por vir. Ele pode assumir um corpo humano ou aéreo e responde verdadeiramente todas as questões de natureza terrena, tanto secretas quanto divinas, e sobre a criação do mundo. Ele traz bons familiares e governa 22 legiões de espíritos, parcialmente da Ordem das Virtudes e da Ordem dos Tronos.

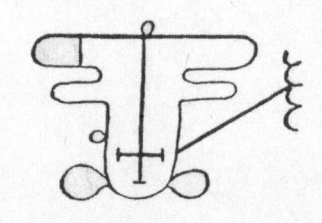

Marax

CONDE/PRESIDENTE

20º – 30º LIBRA (dia)
13 – 22 de outubro

QUATRO DE ESPADAS   MARTE – FERRO
    MERCÚRIO – MERCÚRIO

O vigésimo primeiro espírito é Marax (às vezes soletrado Morax). Ele é um grande Conde e Presidente. Ele aparece como um grande touro com rosto de homem. Seu ofício é tornar o magista bastante instruído em astronomia e em todas as outras ciências liberais; ele também pode conceder bons e sábios familiares, conhecendo as virtudes das ervas e das pedras preciosas. Ele governa 30 legiões de espíritos.

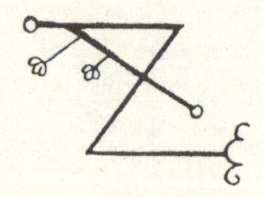

Ipos

CONDE/PRÍNCIPE

1º – 10º ESCORPIÃO (dia)
23 de outubro – 1 de novembro

CINCO DE COPAS   MARTE – FERRO
                          JÚPITER – ESTANHO

O vigésimo segundo espírito é Ipos. Ele é um Conde e um poderoso Príncipe, e aparece na forma de um anjo com cabeça de leão, pé de ganso e cauda de lebre. Ele conhece todas as coisas passadas, presentes e por vir. Ele torna os homens astutos e ousados. Ele governa 36 legiões de espíritos.

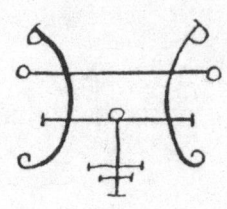

Aim

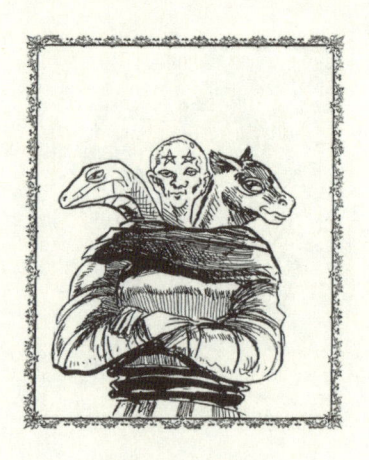

DUQUE

10º – 20º ESCORPIÃO (dia)
2 – 12 de novembro

SEIS DE COPAS   VÊNUS – COBRE

O vigésimo terceiro espírito é Aim. Ele é um grande e forte Duque. Ele aparece na forma de um homem de corpo muito bonito, mas com três cabeças; a primeira como uma serpente, a segunda como um homem tendo duas estrelas na testa, a terceira como um bezerro. Ele cavalga uma víbora, carregando um tição na mão, com o qual ele ateia fogo em cidades, castelos e grandes lugares. Ele torna a pessoa astuta de todos os modos e fornece respostas verdadeiras acerca de assuntos privados. Ele governa 26 legiões de espíritos inferiores.

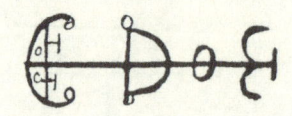

Naberius

MARQUÊS

20º – 30º ESCORPIÃO (dia)
13 – 22 de novembro

SETE DE COPAS   LUA – PRATA

O vigésimo quarto espírito é Naberius. Ele é um Marquês valentíssimo e se mostra na forma de um grou negro rodopiando no Círculo, e quando ele fala é com uma voz rouca. Ele torna os homens habilidosos em todas as artes e ciências, mas especialmente na arte da retórica. Ele restaura dignidades e honras perdidas. Ele governa 19 legiões de espíritos.

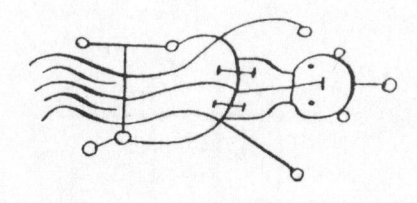

Glasia-Labolas

PRESIDENTE/CONDE

1º – 10º SAGITÁRIO (dia)
23 de novembro – 2 de dezembro

OITO DE PAUS   MERCÚRIO – MERCÚRIO
                     MARTE – FERRO

O vigésimo quinto espírito é Glasya-Labolas. Ele é um poderoso Presidente e Conde, e mostra-se na forma de um cão com asas como um grifo. Ele ensina todas as artes e ciências em um instante, e é um autor de derramamentos de sangue e homicídios. Ele ensina todas as coisas passadas e por vir. Se desejado, ele provoca o amor tanto de amigos quanto de inimigos. Ele pode tornar um homem invisível. E ele tem sob seu comando 36 legiões de espíritos.

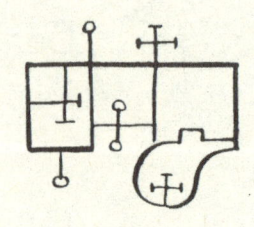

𝔅uné

DUQUE

10º – 20º SAGITÁRIO (dia)
3 – 12 de dezembro

NOVE DE PAUS   VÊNUS – COBRE

O vigésimo sexto espírito é Buné (ou Bimé, ou Bim). Ele é um forte, grande e poderoso Duque. Ele aparece na forma de um dragão com três cabeças, uma de cão, outra de grifo, e uma de homem. Ele fala com uma voz alta e graciosa. Ele muda os lugares de enterro dos mortos, e faz os espíritos sob seu comando se reunirem sobre os sepulcros. Ele concede riquezas e torna o magista sábio e eloquente. Ele dá respostas verdadeiras conforme as demandas. Ele governa 30 legiões de espíritos.

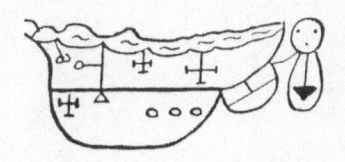

Ronové

MARQUÊS/CONDE

20º – 30º SAGITÁRIO (dia)
13 – 21 de dezembro

DEZ DE PAUS   LUA – PRATA
                                     MARTE – FERRO

O vigésimo sétimo espírito é Ronové. Ele é um Marquês e um grande Conde. Ele aparece na forma de um monstro. Ele ensina a arte da retórica muito bem e concede bons servos, conhecimento das línguas e favores de amigos e inimigos. Há sob seu comando 19 legiões de espíritos.

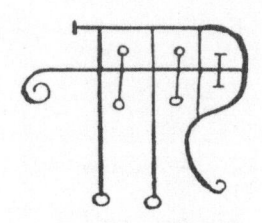

Berith

DUQUE

1º – 10º CAPRICÓRNIO (dia)
22 – 30 de dezembro

DOIS DE OUROS   VÊNUS – COBRE

O vigésimo oitavo espírito na ordem, conforme Salomão os aprisionou, é chamado Berith. Ele é um poderoso, grande e terrível Duque. Ele tem dois outros nomes que lhe foram dados por homens de tempos posteriores, a saber: BEALE ou BEAL, e BOFRY ou BOLFRY. Ele aparece na forma de um soldado vestido de vermelho, montando um cavalo vermelho e tendo uma coroa de ouro em sua cabeça. Ele dá respostas verdadeiras sobre o passado, o presente e o por vir. Você deve fazer uso de um anel ao chamá-lo, como foi dito antes acerca da Beleth. Ele pode transformar todos os metais em ouro. Ele pode conceder dignidades e confirmá-las no homem. Ele fala com uma voz bastante clara e sutil. Não obstante o que é dito acima, está escrito que ele é um grande mentiroso, no qual não se deve confiar. Ele governa 26 legiões de espíritos.

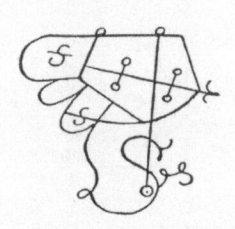

Astaroth

DUQUE

10º – 20º CAPRICÓRNIO (dia)
31 de dezembro – 9 de janeiro

TRÊS DE OUROS   VÊNUS – COBRE

O vigésimo nono espírito é Astaroth. Ele é um poderoso e forte Duque, e aparece na forma de um perigoso [alguns textos trazem *inofensivo* – Ed.] anjo montado em uma besta infernal como um dragão, e carregando em sua mão direita uma víbora. Você não deve permitir de modo algum que ele se aproxime demais de você, para que ele não lhe cause dano com seu hálito nocivo. Por isso, o magista deve segurar o Anel Magístico próximo do rosto, isso o defenderá. Ele dá respostas verdadeiras sobre coisas passadas, presentes e por vir, e pode descobrir todos os segredos. Ele declarará deliberadamente como os espíritos caíram, se desejado, e a razão de sua própria queda. Ele pode tornar os homens maravilhosamente versados em todas as ciências liberais. Ele governa 40 legiões de espíritos.

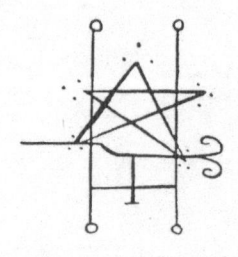

Forneus

MARQUÊS

20º – 30º CAPRICÓRNIO (dia)
10 – 19 de janeiro

QUATRO DE OUROS   LUA – PRATA

O trigésimo espírito é Forneus. Ele é um poderoso e grande Marquês, e aparece na forma de um grande monstro do mar. Ele ensina e torna os homens maravilhosamente versados na arte da retórica. Ele faz os homens terem um bom nome, e o conhecimento e a compreensão das línguas. Ele faz a pessoa ser amada tanto por seus inimigos quanto por seus amigos. Ele governa 29 legiões de espíritos, parcialmente da Ordem dos Tronos, e da dos Anjos.

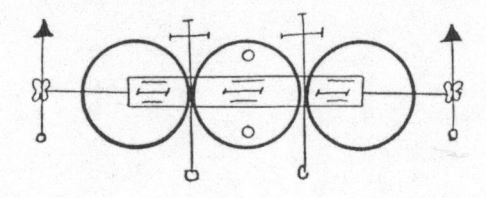

Foras

PRESIDENTE

1º – 10º AQUÁRIO (dia)
20 – 29 de janeiro

CINCO DE ESPADAS   MERCÚRIO – MERCÚRIO

O trigésimo primeiro espírito é Foras. Ele é um poderoso Presidente e aparece na forma de um homem forte em forma humana. Ele pode conceder aos homens a compreensão de como eles podem conhecer as virtudes de todas as ervas e pedras preciosas. Ele ensina as artes da lógica e da ética em todas as suas partes. Se desejado, ele torna os homens invisíveis (alguns textos dizem "invencíveis") e os faz viverem muito e serem eloquentes. Ele pode descobrir tesouros e recuperar coisas perdidas. Ele governa 29 legiões de espíritos.

Asmoday

REI

10º – 20º AQUÁRIO (dia)
30 de janeiro – 8 de fevereiro

SEIS DE ESPADAS   SOL – OURO

O trigésimo segundo espírito é Asmoday, ou Asmodai. Ele é um grande Rei, forte e poderoso. Ele aparece com três cabeças. A primeira é de touro, a segunda de um homem, a terceira de um carneiro; ele também tem a cauda de uma serpente, e de sua boca saem labaredas de fogo. Seus pés têm membranas como as de um ganso. Ele senta sobre um dragão infernal e traz em sua mão uma lança com um estandarte. Ele é o primeiro e o preferido sob o poder de AMAYMON, vindo antes de todos os outros. Quando o exorcista tem em mente chamá-lo, que seja no exterior e que ele fique de pé durante todo o tempo da ação, com a cabeça descoberta; pois se ela estiver coberta, AMAYMON irá enganá-lo e fazer todas as suas ações serem reveladas. Mas assim que o exorcista vir Asmoday na forma mencionada acima, ele deve chamá-lo pelo nome, dizendo: "Você é Asmoday?", e ele não o negará, e eventualmente ele se curvará até o chão. Ele concede o Anel das Virtudes; ele ensina as artes da aritmética, astronomia, geometria e absolutamente todas as artesanias. Ele dá respostas verdadeiras e completas conforme suas demandas. Ele torna a pessoa invencível. Ele mostra o lugar onde estão os tesouros, e guarda-o. Entre as legiões de AMAYMON, ele governa 72 legiões de espíritos inferiores.

Gaap

PRESIDENTE/PRÍNCIPE

20º – 30º AQUÁRIO (dia)
9 – 18 de fevereiro

SETE DE ESPADAS   MERCÚRIO – MERCÚRIO
                    JÚPITER – ESTANHO

    O trigésimo terceiro espírito é Gaap. Ele é um grande Presidente e um poderoso Príncipe. Ele aparece quando o Sol está em algum dos signos do Sul, em uma forma humana, indo diante de quatro grandes e poderosos Reis, como se ele fosse um guia para conduzi-los em seu caminho. Seu ofício é tornar os homens insensíveis ou ignorantes. Mas ele também pode tornar alguém versado em filosofia e nas ciências liberais. Ele pode provocar amor ou ódio, e também pode ensinar você a consagrar aquelas coisas que pertencem ao domínio de AMAYMON, seu Rei. Ele pode libertar familiares da custódia de outros magistas e responder verdadeira e perfeitamente sobre coisas passadas, presentes e por vir. Ele pode transportar e trazer de volta homens muito rapidamente de um reino para outro, segundo a vontade e o prazer do exorcista. Ele governa 66 legiões de espíritos, e era da Ordem das Potestades.

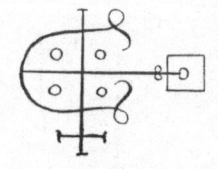

Furfur

CONDE

1º – 10º PEIXES (dia)
19 – 28 fevereiro

OITO DE COPAS　　　　　　　MARTE – FERRO

O trigésimo quarto espírito é Furfur. Ele é um grande e poderoso Conde, aparecendo na forma de um cervo com uma cauda flamejante. Ele nunca fala a verdade, a menos que seja compelido ou trazido para o interior do Triângulo. Estando ali, ele assumirá a forma de um anjo. Estando preso, ele fala com uma voz rouca. Ele também estimulará deliberadamente o amor entre homem e mulher. Ele pode provocar relâmpagos e trovões, rajadas de vento e grandes temporais tempestuosos. Ele dá respostas verdadeiras tanto de coisas secretas quanto divinas, se ordenado. Ele governa 26 legiões de espíritos.

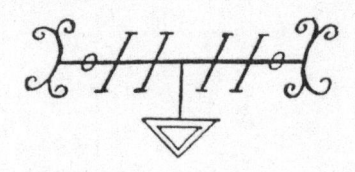

Marchosias

MARQUÊS

10º – 20º PEIXES (dia)
1 – 10 de março

NOVE DE COPAS   LUA – PRATA

O trigésimo quinto espírito é Marchosias. Ele é um grande poderoso Marquês, aparecendo de início na forma de um lobo ou boi com asas de grifo e cauda de serpente, e vomitando fogo de sua boca. Mas depois de um tempo, a comando do exorcista, ele assume a forma de um homem. Ele é um forte lutador. Ele era da Ordem das Dominações. Ele governa 30 legiões de espíritos. Ele disse a seu chefe, que era Salomão, que após 1.200 anos ele tinha esperança de retornar ao Sétimo Trono.

Stolas

PRÍNCIPE

20º – 30º PEIXES (dia)
11 – 20 de março

DEZ DE COPAS   JÚPITER – ESTANHO

O trigésimo sexto espírito é Stolas, ou Stolos. Ele é um grande e poderoso Príncipe, aparecendo de início na forma de um poderoso corvo diante do exorcista; mas depois ele assume a forma de um homem. Ele ensina a arte da astronomia e as virtudes das ervas e pedras preciosas. Ele governa 26 legiões de espíritos.

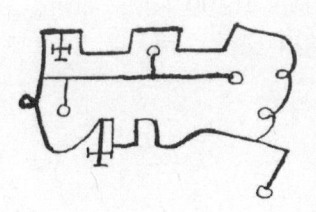

Phenex

MARQUÊS

1º – 10º ÁRIES (noite)
21 – 30 de março

DOIS DE PAUS   LUA – PRATA

    O trigésimo sétimo espírito é Phenex (ou Pheynix). Ele é um grande Marquês, e aparece como o pássaro fênix, tendo a voz de uma criança. Ele canta perante o magista muitas notas doces, que este não deve considerar, mas eventualmente deve exigir que ele assuma a forma humana. Então, se exigido, ele falará maravilhosamente sobre todas as ciências admiráveis. Ele é um excelente poeta e estará disposto a realizar seus pedidos. Ele também tem esperança de retornar ao Sétimo Trono após mais 1.200 anos, como disse a Salomão. Ele governa 20 legiões de espíritos.

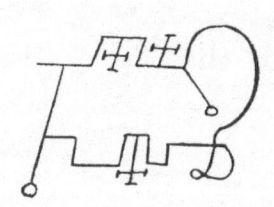

Halphas

CONDE

10º – 20º ÁRIES (noite)
31 de março – 10 de abril

TRÊS DE PAUS   MARTE – FERRO

O trigésimo oitavo espírito é Halphas, ou Malthus (ou Malthas). Ele é um grande Conde, e aparece na forma de um pombo selvagem. Ele fala com uma voz rouca. Seu ofício é construir torres e supri-las com armas e munição, e enviar guerreiros a lugares indicados. Ele governa 26 legiões de espíritos.

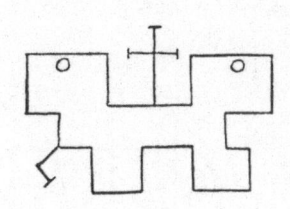

Malphas

PRESIDENTE

20º – 30º ÁRIES (noite)
11 – 20 de abril

QUATRO DE PAUS   MERCÚRIO – MERCÚRIO

    O trigésimo nono espírito é Malphas. Ele é um forte e poderoso Presidente. Ele aparece de início como um corvo, mas depois assumirá a forma humana, a pedido do exorcista, e falará com uma voz rouca. Ele pode construir casas e torres altas e informar você sobre os desejos e pensamentos de seus inimigos, e sobre aquilo que eles fizeram. Ele concede bons familiares. Se você lhe fizer um sacrifício, ele o receberá com gentileza e disposição, mas enganará aquele que o fizer. Ele governa 40 legiões de espíritos.

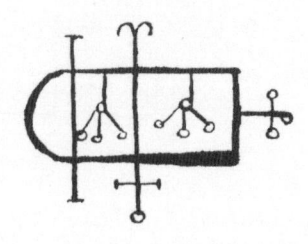

Raum

CONDE

1º – 10º TOURO (noite)
21 – 30 de abril

CINCO DE OUROS   MARTE – FERRO

O quadragésimo espírito é Raum. Ele é um grande Conde e aparece de início na forma de um corvo, mas após o comando do exorcista ele assume a forma humana. Seu ofício é roubar tesouros das casas dos reis e carregá-los até onde lhe for ordenado, e destruir cidades e dignidades dos homens, e dizer todas as coisas passadas, o que é, e o que será; e provocar o amor entre amigos e inimigos. Ele era da Ordem dos Tronos. Ele governa 30 legiões de espíritos.

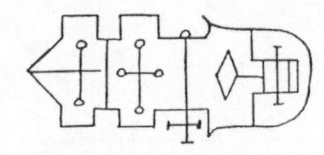

Focalor

DUQUE

10º – 20º TOURO (noite)
1 – 10 de maio

SEIS DE OUROS   **VÊNUS – COBRE**

O quadragésimo primeiro espírito é Focalor, ou Forcalor, ou Furcalor. Ele é um forte e poderoso Duque. Ele aparece na forma de um homem com asas de grifo. Seu ofício é matar homens e afogá-los nas águas, e arruinar navios de guerra, pois ele tem poder sobre os ventos e os mares; mas ele não ferirá nenhum homem ou coisa se for comandado em contrário pelo exorcista. Ele também tem esperanças de retornar ao Sétimo Trono após mil anos. Ele governa 30 legiões de espíritos.

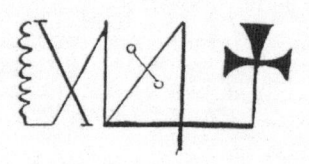

Vepar

DUQUE

20º – 30º TOURO (noite)
11 – 20 de maio

SETE DE OUROS   VÊNUS – COBRE

    O quadragésimo segundo espírito é Vapar, ou Vephar. Ela é um Duque grande e forte, e aparece como uma sereia. Seu ofício é governar as águas e guiar navios carregados de armas, armaduras e munição, etc. A pedido do exorcista, ela pode tornar os mares tempestuosos e fazê-los parecer cheios de navios. Ela também faz os homens morrerem em três dias, apodrecendo ferimentos ou chagas fazendo vermes crescerem neles. Ela governa 29 legiões de espíritos.

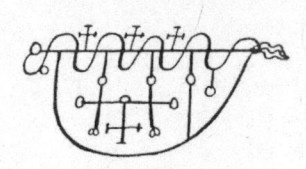

Sabnock

MARQUÊS

1º – 10º GÊMEOS (noite)
21 – 31 de maio

OITO DE ESPADAS   LUA – PRATA

O quadragésimo terceiro espírito, conforme o rei Salomão os ordenou entrarem no recipiente de bronze, é chamado Sabnock, ou Savnock. Ele é um Marquês, poderoso, grande e forte, aparecendo na forma de um soldado armado com cabeça de leão, montando um cavalo de cor clara. Seu ofício é construir altas torres, castelos e cidades, e provê-los com armaduras, etc. Ele também pode afligir os homens por muitos dias com ferimentos e chagas apodrecidos e cheios de vermes. Ele concede bons familiares e comanda 50 legiões de espíritos.

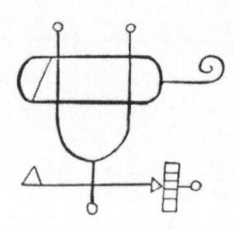

Shax

MARQUÊS

10º – 20º GÊMEOS (noite)
1 – 10 de junho

NOVE DE ESPADAS   LUA – PRATA

O quadragésimo quarto espírito é Shax, ou Shaz (ou Shass). Ele é um grande Marquês e aparece na forma de um pombo selvagem, falando com uma voz rouca, mas ainda assim sutil. Seu ofício é retirar a visão, audição ou entendimento de qualquer homem ou mulher, a comando do exorcista, e roubar dinheiro das casas dos reis, e carregá-lo novamente em 1.200 anos. Se comandado, ele trará cavalos a pedido do exorcista, ou qualquer outra coisa. Mas primeiro ele deve ser comandado para entrar em um Triângulo, senão ele irá enganá-lo e dizer muitas mentiras. Ele pode descobrir todas as coisas que estão escondidas, e não protegidas por espíritos perversos. Ele concede bons familiares, às vezes. Ele governa 30 legiões de espíritos.

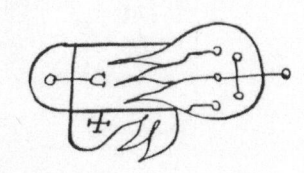

Viné

REI/CONDE

20º – 30º GÊMEOS (noite)
11 – 20 de junho

DEZ DE ESPADAS   SOL – OURO
                       MARTE – FERRO

    O quadragésimo quinto espírito é Viné, ou Vinea. Ele é um grande Rei, e um Conde; e aparece na forma de um leão (ou tendo a cabeça de um leão), montando um cavalo preto e trazendo uma víbora na mão. Seu ofício é descobrir coisas escondidas, bruxas, feiticeiros, e coisas presentes, passadas e por vir. Ao comando do exorcista, ele construirá torres, derrubará grandes muralhas de pedra e tornará as águas agitadas com tempestades. Ele governa 36 legiões de espíritos.

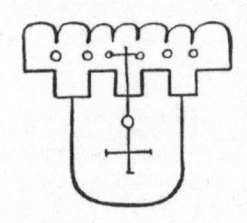

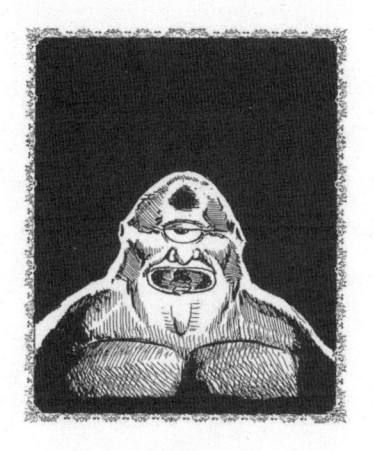

Bifrons

CONDE

1º – 10º CÂNCER (noite)
21 de junho – 1 de julho

DOIS DE COPAS   MARTE – FERRO

    O quadragésimo sexto espírito é chamado Bifrons, ou Bifrous, ou Bifrovs. Ele é um Conde, e aparece na forma de um monstro, mas depois de um tempo, a comando do exorcista, ele assume a forma de um homem. Seu ofício é tornar a pessoa versada em astrologia, geometria e outras artes e ciências. Ele ensina as virtudes das pedras preciosas e das madeiras. Ele muda corpos mortos e coloca-os em outro lugar; ele também acende velas aparentes nos túmulos dos mortos. Ele tem sob seu comando 60 legiões de espíritos.

𝔘vall

DUQUE

10º – 20º CÂNCER (noite)
2 – 11 de julho

TRÊS DE COPAS   VÊNUS – COBRE

O quadragésimo sétimo espírito é Uvall, ou Vual, ou Voval. Ele é um Duque, grande, poderoso e forte. Ele aparece na forma de um poderoso dromedário de início, mas depois de um tempo, a comando do exorcista, ele assume a forma humana, e fala a língua egípcia, mas não perfeitamente. Seu ofício é obter o amor das mulheres, e dizer coisas passadas, presentes e por vir. Ele também obtém a amizade entre amigos e inimigos. Ele era da Ordem das Potestades ou Potências. Ele governa 37 legiões de espíritos.

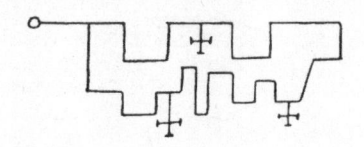

Haagenti

PRESIDENTE

20º – 30º CÂNCER (noite)
12 – 21 de julho

QUATRO DE COPAS   MERCÚRIO – MERCÚRIO

    O quadragésimo oitavo espírito é Haagenti. Ele é um Presidente, aparecendo na forma de um poderoso touro com asas de grifo. Isto de início, mas depois, a comando do exorcista, ele assume a forma humana. Seu ofício é tornar os homens sábios e instruí-los em diversas coisas; e também transmutar todos os metais em ouro; e transformar vinho em água, e água em vinho. Ele governa 33 legiões de espíritos.

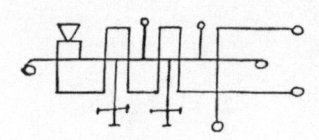

Crocell

DUQUE

1º – 10º LEÃO (noite)
22 de julho – 1 de agosto

CINCO DE PAUS   VÊNUS – COBRE

O quadragésimo nono espírito é Crocell, ou Crokel. Ele aparece na forma de um anjo. Ele é um grande e forte Duque, falando misticamente de coisas escondidas. Ele ensina a arte da geometria e as ciências liberais. Ao comando do exorcista, ele produzirá grandes ruídos como correr de muitas águas, embora não haja nenhuma. Ele aquece águas e descobre banhos. Ele era da Ordem das Potestades ou Potências, antes de sua queda, como declarou ao rei Salomão. Ele governa 48 legiões de espíritos.

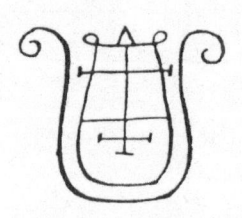

Furcas

CAVALEIRO

10º – 20º LEÃO (noite)
2 – 11 de agosto

SEIS DE PAUS   SATURNO – CHUMBO

O quinquagésimo espírito é Furcas. Ele é um Cavaleiro, e aparece na forma de um homem velho e cruel, com uma longa barba e uma cabeça grisalha, montando um cavalo de cor clara, com uma arma afiada na mão. Seu ofício é ensinar as artes da filosofia, astrologia, retórica, lógica, quiromancia e piromancia, em todas as suas partes, e perfeitamente. Ele tem sob seu poder 20 legiões de espíritos.

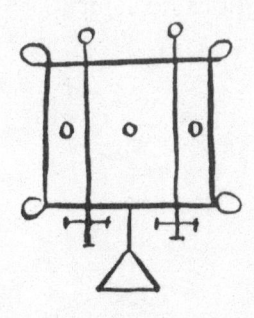

Balam

REI

20º – 30º LEÃO (noite)
12 – 22 de agosto

SETE DE PAUS   SOL – OURO

O quinquagésimo primeiro espírito é Balam ou Balaam. Ele é um terrível, grande e poderoso Rei. Ele aparece com três cabeças: a primeira é a de um touro; a segunda é a de um homem; a terceira é a de um carneiro. Ele tem a cauda de uma serpente e olhos flamejantes. Ele cavalga um urso furioso e carrega um gavião em seu punho. Ele fala com uma voz rouca, dando respostas verdadeiras sobre coisas passadas, presentes e por vir. Ele torna os homens invisíveis e também astutos. Ele governa 40 legiões de espíritos.

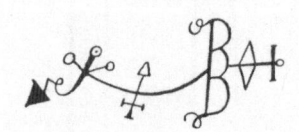

Alloces

DUQUE

1º – 10º VIRGEM (noite)
23 de agosto – 1 de setembro

OITO DE OUROS   VÊNUS – COBRE

    O quinquagésimo segundo espírito é Alloces, ou Alocas. Ele é um Duque, grande, poderoso e forte, aparecendo na forma de um soldado ou guerreiro montando um grande cavalo. Sua face é como a de um leão, muito vermelha, e tem olhos flamejantes. Sua fala é rouca e muito rude. Seu ofício é ensinar a arte da astronomia e todas as ciências liberais. Ele traz bons familiares e também governa 36 legiões de espíritos.

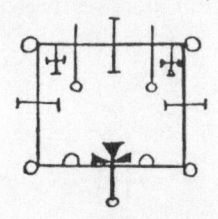

Camio

PRESIDENTE

10º – 20º VIRGEM (noite)
2 – 11 de setembro

NOVE DE OUROS   MERCÚRIO – MERCÚRIO

O quinquagésimo terceiro espírito é Camio, ou Caim. Ele é um grande Presidente, e aparece de início na forma do pássaro chamado tordo, mas em seguida assume a forma de um homem trazendo na mão uma espada afiada. Ele parece responder em meio a cinzas ardentes, ou em brasas de fogo. Ele é um bom debatedor. Seu ofício é conceder aos homens a compreensão de todos os pássaros, do mugido dos novilhos, do latido dos cães, e de outras criaturas, e também da voz das águas. Ele dá respostas verdadeiras sobre coisas por vir. Ele era da Ordem dos Anjos, mas agora governa 30 legiões de espíritos infernais.

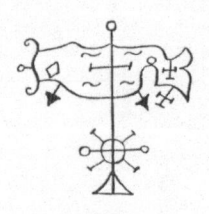

Murmur

DUQUE/CONDE

20º – 30º VIRGEM (noite)
12 – 22 de setembro

DEZ DE OUROS   VÊNUS – COBRE
                      MARTE – FERRO

O quinquagésimo quarto espírito é chamado Murmur, Murmus ou Murmux. Ele é um grande Duque, e um Conde; aparece na forma de um guerreiro montando um grifo, com uma coroa ducal em sua cabeça. Vão diante dele seus ministros soando grandes trombetas. Seu ofício é ensinar filosofia perfeitamente e obrigar almas falecidas a virem perante o exorcista para responder aquelas questões que ele possa desejar lhes fazer. Ele era parcialmente da Ordem dos Tronos, e parcialmente da dos Anjos. Ele agora governa 30 legiões de espíritos.

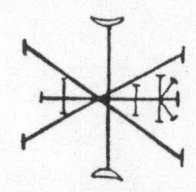

Orobas

PRÍNCIPE

1º – 10º LIBRA (noite)
23 de setembro – 2 de outubro

DOIS DE ESPADAS   JÚPITER – ESTANHO

    O quinquagésimo quinto espírito é Orobas. Ele é um grande e poderoso Príncipe, aparecendo de início como um cavalo; mas após o comando do exorcista ele assume a imagem de um homem. Seu ofício é descobrir todas as coisas passadas, presentes e por vir; e também conceder dignidades e prelaturas, e o favor de amigos e de inimigos. Ele fornece respostas verdadeiras sobre adivinhações, e sobre a criação do mundo. Ele é muito fiel ao exorcista, e não permitirá que este seja tentado por qualquer espírito. Ele governa 20 legiões de espíritos.

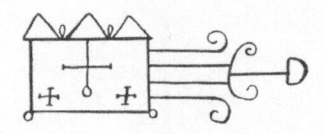

Gremory

DUQUE

10º – 20º LIBRA (noite)
3 – 12 de outubro

TRÊS DE ESPADAS   VÊNUS – COBRE

    O quinquagésimo sexto espírito é Gremory ou Gamori. Ela é um forte e poderoso Duque, e aparece na forma de uma bela mulher, com uma coroa de duquesa atada à cintura, montando um grande camelo. Seu ofício é falar sobre todas as coisas passadas, presentes e por vir; sobre tesouros escondidos e onde eles se encontram; e obter o amor de mulheres jovens e velhas. Ela governa 26 legiões de espíritos.

Osé

PRESIDENTE

20º – 30º LIBRA (noite)
13 – 22 de outubro

QUATRO DE ESPADAS   MERCÚRIO – MERCÚRIO

O quinquagésimo sétimo espírito é Osé, Oso ou Voso. Ele é um grande Presidente, e aparece de início como um leopardo, mas depois de pouco tempo ele assume a forma de um homem. Seu ofício é tornar a pessoa habilidosa nas ciências liberais e dar respostas verdadeiras sobre coisas divinas e secretas; e também transformar um homem para qualquer forma que o exorcista queira, de modo que aquele que for assim transformado não pense qualquer outra coisa senão que ele é na realidade aquela criatura ou coisa na qual foi transformado. Ele governa 30 legiões de espíritos.

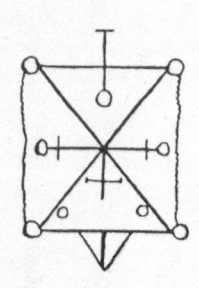

Amy

PRESIDENTE

1º – 10º ESCORPIÃO (noite)
23 de outubro – 1 de novembro

CINCO DE COPAS   MERCÚRIO – MERCÚRIO

    O quinquagésimo oitavo espírito é Amy ou Avnas. Ele é um grande Presidente, e aparece de início na forma de um fogo flamejante, mas depois de um tempo ele assume a forma de um homem. Seu ofício é tornar a pessoa maravilhosamente versada em astrologia e em todas as ciências liberais. Ele concede bons familiares e pode revelar tesouros que estejam guardados por espíritos. Ele governa 36 legiões de espíritos.

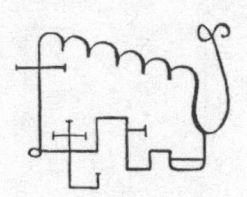

Oriax

MARQUÊS

10º – 20º ESCORPIÃO (noite)
2 – 12 de novembro

SEIS DE COPAS   LUA – PRATA

    O quinquagésimo nono espírito é Oriax, ou Orias. Ele é um grande Marquês, e aparece com a face de um leão, montado em um poderoso e forte cavalo com cauda de serpente; ele segura em sua mão direita duas grandes serpentes sibilando. Seu ofício é ensinar as virtudes das estrelas e a conhecer as mansões dos planetas, e como compreender suas virtudes. Ele também transforma os homens e concede dignidades, prelaturas, e a confirmação destas, e também o favor de amigos e inimigos. Ele governa 30 legiões de espíritos.

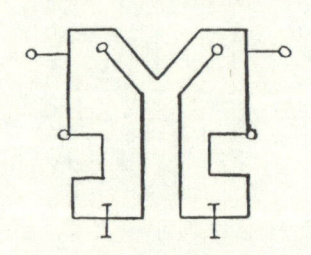

Vapula

DUQUE

20º – 30º ESCORPIÃO (noite)
13 – 22 de novembro

SETE DE COPAS   VÊNUS – COBRE

O sexagésimo espírito é Vapula ou Naphula. Ela é um Duque grande, poderoso e forte, aparecendo na forma de um leão com asas de grifo. Seu ofício é tornar os homens versados em todas as artesanias e profissões, e também em filosofia e outras ciências. Ela governa 36 legiões de espíritos.

Zagan

REI/PRESIDENTE

1º – 10º SAGITÁRIO (noite)
23 de novembro – 2 de dezembro

OITO DE PAUS   SOL – OURO
                     MERCÚRIO – MERCÚRIO

O sexagésimo primeiro espírito é Zagan. Ele é um grande Rei e Presidente, aparecendo de início na forma de um touro com asas de grifo, mas depois de um tempo ele assume a forma humana. Ele torna os homens astutos. Ele pode transformar vinho em água e sangue em vinho, e também água em vinho. Ele pode transformar todos os metais em moedas do domínio ao qual aquele metal pertence. Ele pode até mesmo tornar sábios os tolos. Ele governa 33 legiões de espíritos.

Volac

PRESIDENTE

10º – 20º SAGITÁRIO (noite)
3 – 12 de dezembro

NOVE DE PAUS   MERCÚRIO – MERCÚRIO

O sexagésimo segundo espírito é Volac, Valak, Valu ou Ualac. Ele é um Presidente poderoso e grande, e aparece como uma criança com asas de anjo, montando um dragão de duas cabeças. Seu ofício é dar respostas verdadeiras sobre tesouros escondidos e dizer onde serpentes podem ser vistas. As quais ele trará para o magista sem que qualquer força ou violência sejam por ele empregadas. Ele governa 38 legiões de espíritos.

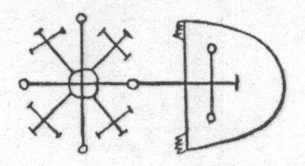

Andras

MARQUÊS

20º – 30º SAGITÁRIO (noite)
13 – 21 de dezembro

DEZ DE PAUS   LUA – PRATA

O sexagésimo terceiro espírito é Andras. Ele é um grande Marquês, aparecendo na forma de um anjo com a cabeça semelhante a um corvo noturno negro, montando um forte lobo negro, e brandindo no alto em sua mão uma espada afiada e brilhante. Seu ofício é semear discórdias. Se o exorcista não tiver cuidado, ele irá matá-lo e a seus companheiros. Ele governa 30 legiões de espíritos.

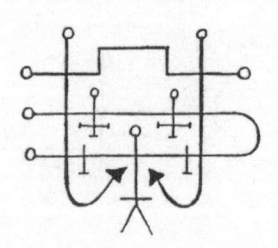

Haures

DUQUE

1º – 10º CAPRICÓRNIO (noite)
22 – 30 de dezembro

DOIS DE OUROS   VÊNUS – COBRE

O sexagésimo quarto espírito é Haures, Hauras, Havres ou Flauros. Ele é um grande Duque, e aparece de início como um leopardo, poderoso, terrível e forte, mas depois de um tempo, ao comando do exorcista, ele assume uma forma humana com olhos flamejantes e abrasadores, e um semblante bastante terrível. Ele dá respostas verdadeiras sobre todas as coisas, presentes, passadas e por vir. Mas se ele não for comandado a entrar em um Triângulo, ele mentirá, enganará e iludirá o exorcista nessas coisas. Finalmente, ele falará sobre a criação do mundo e sobre a divindade, e sobre como ele e outros espíritos caíram. Ele destrói e queima aqueles que são inimigos do exorcista se este assim desejar; e ele também não permitirá que este seja tentado por qualquer outro espírito. Ele governa 36 legiões de espíritos.

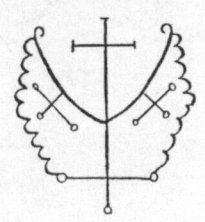

Andrealphus

MARQUÊS

10º – 20º CAPRICÓRNIO (noite)
31 de dezembro – 9 de janeiro

TRÊS DE OUROS   LUA – PRATA

O sexagésimo quinto espírito é Andrealphus. Ele é um poderoso Marquês, aparecendo de início na forma de um pavão, com grandes ruídos. Mas depois de um tempo ele assume a forma humana. Ele pode ensinar geometria perfeitamente. Ele torna os homens muito sutis nesta arte e em todas as coisas que dizem respeito à medição e à astronomia. Ele pode fazer um homem semelhante a um pássaro. Ele governa 30 legiões de espíritos infernais.

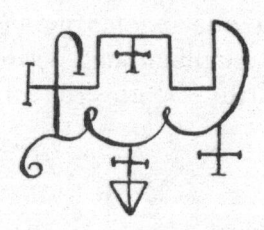

Cimejes

MARQUÊS

20º – 30º CAPRICÓRNIO (noite)
10 – 19 de janeiro

QUATRO DE OUROS   LUA – PRATA

    O sexagésimo sexto espírito é Cimejes, Cimeies ou Kimaris. Ele é um Marquês, pujante, grande, forte e poderoso, aparecendo como um valente guerreiro montado em um belo cavalo negro. Ele governa sobre todos os espíritos nas partes da África. Seu ofício é ensinar perfeitamente a gramática, a lógica, a retórica, e descobrir coisas perdidas ou escondidas, e tesouros. Ele governa 20 legiões de infernais.

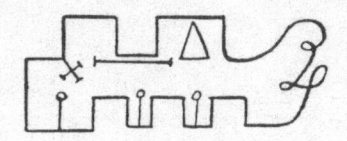

Amdusias

DUQUE

1º – 10º AQUÁRIO (noite)
20 – 29 de janeiro

CINCO DE ESPADAS   VÊNUS – COBRE

    O sexagésimo sétimo espírito é Amdusias ou Amdukias. Ele é um grande e forte Duque, aparecendo de início como um unicórnio, mas a pedido do exorcista ele se coloca diante deste em forma humana, fazendo com que sejam ouvidas trombetas e todo tipo de instrumentos musicais, mas não logo ou imediatamente. Ele também pode fazer árvores se dobrarem e se inclinarem segundo a vontade do exorcista. Ele concede excelentes familiares. Ele governa 29 legiões de espíritos.

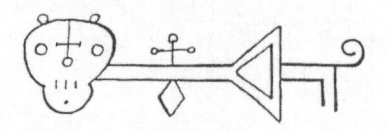

Belial

REI

10º – 20º AQUÁRIO (noite)
30 de janeiro – 8 de fevereiro

SEIS DE ESPADAS   SOL – OURO

    O sexagésimo oitavo espírito é Belial. Ele é um forte e poderoso Rei, e foi criado logo depois de LÚCIFER. Ele aparece na forma de um belo anjo sentado em uma carruagem de fogo. Ele fala com uma voz graciosa e declara que foi o primeiro a cair dentre os mais dignos que estavam diante de Miguel e dos outros anjos celestes. Seu ofício é distribuir apresentações e senadorias, etc., e provocar o favor de amigos e de inimigos. Ele concede excelentes familiares e governa 50 legiões de espíritos. Note bem que este Rei Belial deve ter oferendas, sacrifícios e presentes ofertados a ele pelo exorcista, senão ele não dará respostas verdadeiras conforme as demandas deste. Mas ele então não permanece nem uma hora na verdade, a menos que seja obrigado pelo Poder Divino.

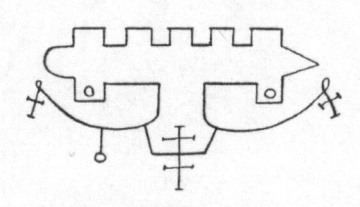

Decarabia

MARQUÊS

20º – 30º AQUÁRIO (noite)
9 – 18 de fevereiro

SETE DE ESPADAS   LUA – PRATA

O sexagésimo nono espírito é Decarabia. Ele é um grande Marquês. Ele aparece de início na forma de uma estrela em um pentagrama, mas depois, ao comando do exorcista, ele assume a imagem de um homem. Seu ofício é descobrir as virtudes dos pássaros e pedras preciosas, e fazer a semelhança de todos os tipos de pássaros voar diante do exorcista, cantando e bebendo como fazem os pássaros naturais. Ele governa 30 legiões de espíritos.

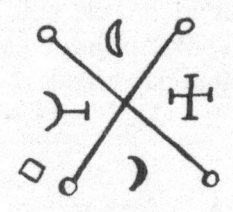

Seere

PRÍNCIPE

1º – 10º PEIXES (noite)
19 – 28 de fevereiro

OITO DE COPAS   JÚPITER – ESTANHO

O septuagésimo espírito é Seere Sear, ou Seir. Ele é um forte Príncipe, e poderoso, sob AMAYMON, Rei do Leste. Ele aparece na forma de um homem belo, montado em um cavalo alado. Seu ofício é ir e vir trazer uma abundância de coisas subitamente, e transportar e trazer de volta qualquer coisa para onde você quiser, ou de onde você quiser. Ele pode percorrer toda a Terra em um piscar de olhos. Ele fornece um relato verdadeiro de todos os tipos de roubo, sobre tesouros escondidos e sobre muitas outras coisas. Ele é de uma natureza boa e indiferente, e está disposto a fazer qualquer coisa que o exorcista deseje. Ele governa 26 legiões de espíritos.

Dantalion

DUQUE

10º – 20º PEIXES (noite)
1 – 10 de março

NOVE DE COPAS   VÊNUS – COBRE

O septuagésimo primeiro espírito é Dantalion. Ele/ela é um grande e poderoso Duque, aparecendo na forma de um homem com muitos semblantes, todos faces de homens e mulheres; e ele/ela tem um livro em sua mão direita. Seu ofício é ensinar todas as artes e ciências a qualquer um; e declarar os conselhos secretos de qualquer um; pois ele/ela conhece os pensamentos de todos os homens e mulheres, e pode mudá-los à vontade. Ele/ela pode provocar o amor e exibir a semelhança de qualquer pessoa em qualquer lugar do mundo. Ele/ela governa 36 legiões de espíritos.

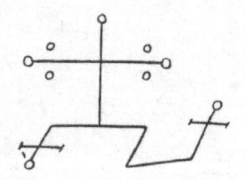

Andromalius

CONDE

20º – 30º PEIXES (noite)
11 – 20 de março

DEZ DE COPAS   MARTE – FERRO

O septuagésimo segundo espírito na ordem é chamado Andromalius. Ele é um Conde, grande e poderoso, aparecendo na forma de um homem segurando uma grande serpente na mão. Seu ofício é trazer de volta tanto um ladrão quando os bens roubados; descobrir toda perversidade e acordos clandestinos; punir todos os ladrões e outras pessoas perversas; e também descobrir tesouros escondidos. Ele governa 36 legiões de espíritos.

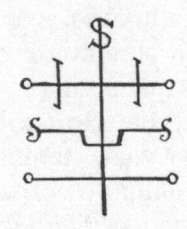

Capítulo Nove
A evocação da *Goetia* e os tipos psicológicos

Já discutimos os aspectos psicológicos e não psicológicos dos espíritos *goéticos*. O uso disciplinado desses espíritos pode produzir mudanças psicoespirituais significativas que não são diferentes daquelas alcançadas pela psicoterapia.

Não importando quão interessantes e efetivas suas evocações possam ser, elas são mais úteis se você puder descobrir quais espíritos operam em sua vida independentemente da sua vontade, e quais você deveria evocar a fim de enriquecer e equilibrar sua vida.

Por exemplo, o espírito número 12, SITRI (atribuído ao 3º decano de Câncer e ao quatro de Copas), para o período diurno, e HAAGENTI, número 48 (4 de Copas), para a noite, são os espíritos que operam para mim. Meu aniversário é em 12 de julho. Esses dois espíritos governam a beleza, a luxúria, a sabedoria e o ouro. A visão noturna está envolvida com a alquimia e com a sabedoria, que são dois dos principais tópicos os quais sempre me interessaram. A visão diurna é a luxúria e a beleza, que são também forças poderosas em minha vida. Combinando essas visões temos o grande segredo oculto, o processo alquímico de transmutar o corpo em ouro por meio da luxúria. Isso está, é claro, associado à *Mágicka* Sexual.

Em adição às associações óbvias entre a data de nascimento e os espíritos da *Goetia*, há muitas outras forças *goéticas* que se manifestam em nossas vidas. Conhecendo essas forças, você pode evocá-las e integrá-las em sua psique. Se, por exemplo, você é suscetível a estados de ânimo selvagens ou arrebatamentos, ou se você frequentemente se sente fraco, tente encontrar o espírito apropriado e evoque-o. Comece um "relacionamento" ou diálogo com o espírito. Pergunte-lhe o que ele está tentando comunicar a você. Ordene que ele pare de afetar você, ou recompense-o, dependendo do que você está tentando realizar.

Tenha em mente que a recompensa e a punição são dois dos meios primários de se comunicar com os espíritos da *Goetia*. Às vezes, em vez de uma punição direta, negar algo que o espírito quer funciona. A coisa importante a se ter em mente é que sua operação deve estar sob *sua Vontade*. Comportamentos caprichosos não beneficiarão você. Planeje suas operações cuidadosamente.

TIPOS DE PESSOAS E TIPOS DE ESPÍRITOS

Uma compreensão simples dos tipos psicológicos conforme dispostos por Carl Jung será bastante útil em seus trabalhos.

Embora eu não seja um defensor da terapia de Jung ou da de seus seguidores, respeito bastante seu gênio e os mapas da mente que ele nos deu.

O primeiro tipo principal é o extrovertido. Para o extrovertido, a energia flui dele para o mundo exterior, enquanto em sua mente inconsciente ele está empurrando o mundo exterior para longe dele.

O segundo tipo principal é o introvertido. Ele se sente esmagado pelo mundo exterior e deseja empurrá-lo para longe dele. Por outro lado, ele é alimentado pelo mundo exterior e secretamente investe nele sua própria energia, o que por sua vez também o esmaga.

O introvertido está interessado em "banir os objetos", isto é, remover o efeitos destes sobre ele, enquanto o extrovertido está particularmente interessado em evocar os objetos ou trazê-los para perto dele. Na evocação da *Goetia*, o introvertido pode praticar uma forma mais extrovertida, enquanto o extrovertido pode tentar uma forma mais introvertida de evocação.

As evocações da *Goetia* também podem ser relacionadas ao tempo. As evocações no período diurno são mais extrovertidas e menos assustadoras, enquanto as evocações no período noturno são mais introvertidas e mais assustadoras. Certos espíritos podem estar mais em harmonia com a extroversão, enquanto outros, com a introversão.

Ou pode ser o momento de explorar uma função reprimida, evocando espíritos que são o oposto da atitude consciente. Por exemplo, introvertidos podem evocar espíritos extrovertidos à noite, enquanto extrovertidos podem evocar espíritos introvertidos durante o dia.

Ao longo da vida de uma pessoa, um equilíbrio apropriado pode ocorrer quando o extrovertido aprende a introversão e o introvertido aprende a extroversão. Frequentemente esse equilíbrio ocorre quando tornamos o ponto de vista oposto consciente e, no caso da evocação, "visível" na forma de um espírito particular. Ao desenhar o sigilo e evocar as figuras *goéticas* que representam o oposto de sua atitude consciente, você começará a conhecer e ganhar o controle das partes reprimidas de sua personalidade.

Em adição aos dois tipos principais sobre os quais fala Jung, há outras quatro funções – duas conhecidas como as funções "racionais" (pensamento e sentimento) e duas conhecidas como as funções "irracionais" (sensação e intuição).

Essas quatro funções ou tipos também representam abordagens à vida. A função "oposta" ou inferior (menos usada) para o tipo pensante é o sentimento, e vice-versa. A função "oposta" ou inferior para o tipo da sensação é a intuição, e vice-versa. A maioria de nós tende a favorecer nosso "naipe" forte enquanto negligencia nosso "naipe" inferior. Confrontar nossa função mais fraca pode ser bastante desagradável, assim as pessoas têm uma tendência a projetar nos outros o lado escuro de sua função mais fraca. Em alguns casos, as amizades são baseadas em dois indivíduos, cada qual tendo o oposto de sua função inferior como a função superior do outro.

Isso pode servir à pessoa ao manter seu componente mais fraco ou menos desenvwolvido fora da consciência ou da percepção. Isso pode também levar a muitos problemas. A evocação pode ser usada para desenvolver a função mais fraca ou inferior.

Saber como identificar os vários tipos também ajudará o operador a escolher o parceiro correto nas operações em que a mediunidade for essencial. Certos tipos não são bons médiuns para a manifestação de espíritos particulares. Uma razão para a falha nos trabalhos de *Goetia* é que as pessoas não passam tempo suficiente examinando as questões de tipos e personalidades.

Agora surge a questão: por que alguém deveria desenvolver sua função inferior? Esta é uma questão sensata, e sem cair nas armadilhas moralistas de Jung e seus seguidores, direi simplesmente que é porque ela é uma mina de ouro. A função rejeitada ou mais fraca é rica em material simbólico e energia, e fornece à pessoa qualidades e habilidades que faltam em sua vida. Sem maiores adornos, desenvolver a função inferior faz você se sentir melhor. Note que eu não disse mais completo. Você não pode conhecer a completude exceto possivelmente ao sentir-se melhor. A completude é uma abstração, sentir-se melhor não é.

O modelo psicológico dos tipos fornece ao operador uma excelente oportunidade de explorar a *Goetia* a partir de um diferente ponto de vista e com um diferente objetivo em mente. Isto não é dizer que a evocação deva ser praticada unicamente para esses propósitos.

A evocação é uma operação orientada para resultados. Ela não é "Alta Mágicka" com propósitos altruístas sublimes. Ela é prática com os pés no chão, destinada a "obter respostas" e causar efeitos.

Capítulo Dez

EnTraNDo eM TraNsE e O ÊxTasE SeXuAL: evocação da *Goetia* e o orgasmo da morte

A quebra de expectativas é um dos melhores meios de entrar em transe. Se você se observar atentamente, notará como a frase acima o afetou. A mistura de letras maiúsculas com minúsculas de uma maneira inesperada rompe a "postura habitual" da mente. A mente deseja escapar dessa ruptura por meio do transe. Agora continue lendo e veja quando você começa a *deslizar* para o TRanSe.

Você não poderia deixar de notá-lo mesmo que tentasse, contudo pode já ter esquecido o efeito. *Lembrar* como esquecer ou esquecer como *lembrar* é muito importante no aprendizado de como entrar em transe. Agora leia estas sentenças novamente, muito lentamente, mas com um senso exterior de silêncio. Faça de novo, Agora!

Conforme você repetir essa operação, começará a notar certas coisas acontecendo. Algumas dessas coisas serão bastante novas, e com outras você já está bastante familiarizado. Tente novamente. Desta vez faça-o em voz alta. Quando se sentir pronto, simplesmente deixe fluir.

Acenda duas velas e coloque-as próximo a um espelho. Olhe para o espelho. Você será o médium, e o operador fará amor apaixonado com você. Essa é sua chance de ser completamente livre. O operador está no comando. Você está ali simplesmente para receber.

Você desfrutará ao deixar-se ir cada vez mais profundamente em direção ao ÊxTaSe. Não faça seu corpo ficar tenso até que esteja pronto. Não há nenhuma razão para fazer coisa alguma até que você esteja pronto. Pense por um momento, sinta-*o* tocar você e deixe fluir. Veja a imagem, observe-a alterar-se, pouco a pouco, e comece a sentir os turbilhões o envolverem. Agora relaxe um pouco mais, mas não antes de fazer seu corpo ficar tenso uma última vez. Tenha certeza de fazer seu corpo ficar tenso com estilo. Alongue-se.

O operador deve ter realizado todas as preliminares necessárias. Antes de ir mais fundo, pergunte-lhe se tudo está preparado para você. Uma vez que você saiba que o círculo está feito, o que quer que tenha restado pode começar a deixar você. Você se tornará o receptáculo aberto a ser preenchido pelo espírito de sua escolha. *Lembre-se* de que tudo deve ter sido combinado com antecedência. Esteja alerta para aquele Agora – deixe fluir de uma vez. Leia a sentença anterior uma última vez.

Vá para a cama. Este é seu círculo de segurança e alegria.

À medida que a paixão domina você, deixe-a ir mais e mais fundo. Abra-se! Torne-se vazio – mais e mais amplo – não sentindo nada, mas fundido com a visão – você está seguro.

Deixe tudo preencher você, sinta a alegria à medida que ela muda de dor para prazer. Sinta-a crescer um pouco e então deixe fluir. Torne-se maior e maior, deixe entrar mais em você. Abra-se – mais e mais amplo – agora. Berre, ou grite se você quiser, ou permaneça tão silencioso quanto você está aberto.

Funda-se com seu êxtase. Não sinta nenhuma diferença entre você mesmo e aquilo que está indo cada vez mais fundo.....*confie completamente*. Não pare. Deixe os sons do espírito falarem.

SEU TRANSE SEXUAL

O transe sexual acima pode ser modificado para se adequar a suas próprias necessidades e habilidades específicas. É importante permitir-se ir tão fundo quanto você puder. Você deve ler o exemplo acima algumas vezes antes de realmente iniciar o procedimento. Tenha uma sensação da excitação. Sinta-se livre para planejar e replanejar seu transe sexual até que ele satisfaça suas necessidades.

O uso do sexo e da hipnose na evocação da *Goetia* é único, neste livro em particular, mas isso não quer dizer que outros não tenham tentado essas experiências e relatado-as em outros escritos. O que estamos tentando fazer aqui é lidar abertamente com a questão e fornecer um referencial viável. Lembre-se de que nosso referencial não é feito de pedra, e que alterações apropriadas podem ser feitas com a experiência.

Achamos que a combinação de sexo e hipnose é ideal para expandir a recepção do médium, proporcionando dados mais profundos e interessantes do espírito. Contudo, é preciso notar que essa operação não deve ser realizada, a menos que tanto o operador quanto o médium tenham concordado abertamente em realizá-la e estabeleceram todos os detalhes. Esse trabalho exige uma preparação especial, e, portanto, ambos os participantes devem elaborar os detalhes juntos antes de começar os trabalhos. O médium precisa saber de antemão que o operador irá exauri-lo sexualmente. Isto é essencial para os melhores resultados. Às vezes, pode haver algum desconforto menor para o médium nesta parte da operação, e o médium necessita permitir que o desconforto se dissipe por si mesmo. O operador deve ter consciência de que está manipulando elevadas cargas de energia e ser bastante sensível quanto aos menores desconfortos como indicações de que um novo nível de êxtase está prestes a ocorrer.

ALGUNS PENSAMENTOS PARA SE TER EM MENTE

O transe sexual é ideal para trabalhar com aversões ou ascos emocionais a espíritos particulares e seus Selos. É também uma maneira ideal de trabalhar com questões de relacionamento, bem como de lidar com materiais subconscientes reprimidos.

O médium pode olhar para um espelho de visão (mencionado anteriormente) para acentuar as imagens visuais. Ele pode ser colocado no teto ou no chão fora do círculo. Certifique-se de colocar o espelho de visão dentro de um triângulo.

Quando o espírito aparece, o operador intensifica a atividade sexual, mas não a ponto de distrair-se da visão. O operador deve ter um senso de quando fazer perguntas e deve assumir o controle total na direção da sessão. A pessoa que está agindo como médium precisa se sentir completamente livre para deixar fluir. O médium não deve se sentir responsável pelo resultado da sessão.

Deve haver o esforço de ter consciência de todas as regras da *Goetia* antes de iniciar essa operação. A licença para partir poderia coincidir com um orgasmo. O operador deve estar certo de que o médium saiu do transe quando a sessão houver terminado.

Apêndice

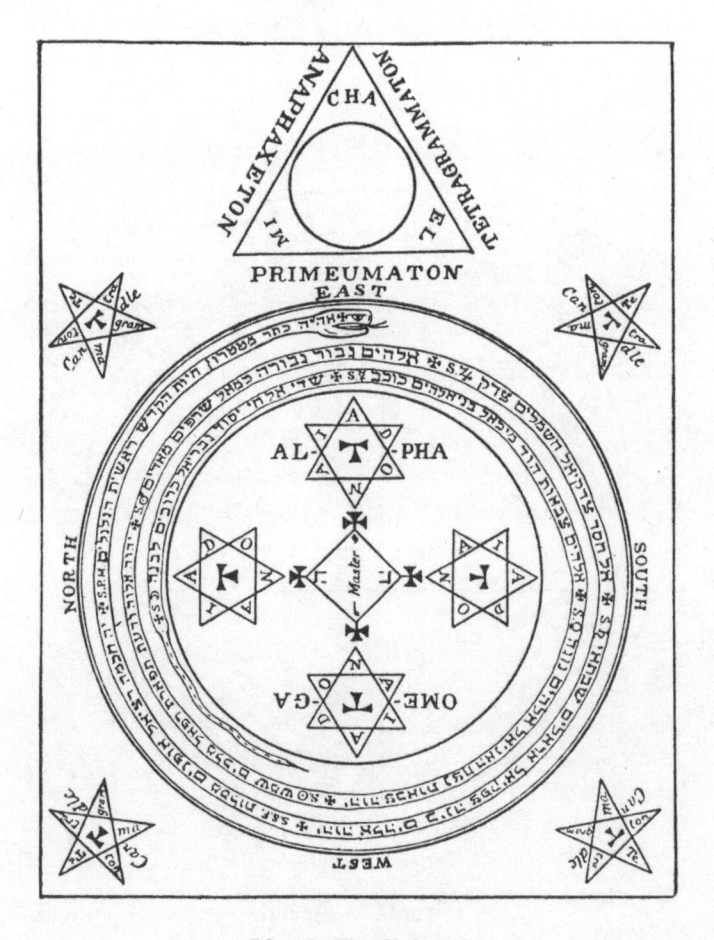

Círculo Tradicional

AGAPE THELEMA
ABRAHADABRA

NVIT · HADIT · RA HOOR KHVIT · CHAOS · BABALON · LAYLAH · PERDVRABO

Círculo Moderno

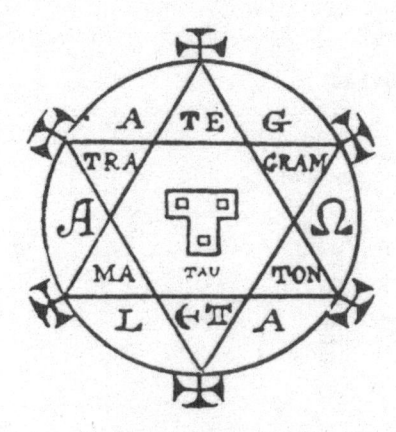

Hexagrama de Salomão

Pentagrama de Salomão

Anel Magístico

Sol e Lua Conjugados

Sinais do Portal

A Abertura do Véu

O Fechamento do Véu

Sinais de L. V. X.

Sinal de Osíris Assassinado

L. Sinal de Ísis em Luto

V. Sinal de Apófis e Tífon

X. Sinal de Osíris Ressuscitado

Sinais dos Graus

Sinais do Neófito

Sinal de Hórus

Sinal de Harpócrates

Sinais dos Graus Elementais

Sinal do Theoricus

Sinal do Zelator

Shu

Set

Sinal do Practicus

Sinal do Philosophus

Auramot

Thoum-aesh-neith

Sinais dos Graus (continuação)

Pentagramas de invocação do Espírito

Equilibrador Ativo — EXARP BITOM

Equilibrador Passivo — HCOMA NANTA

Banimento do Espírito

Fechamento Ativo — EXARP BITOM

Fechamento Passivo — HCOMA NANTA

Banimento | Invocação

Terra

Fogo

Ar

Água

RITUAL MENOR DE BANIMENTO DO PENTAGRAMA
A CRUZ CABALÍSTICA

Volte-se para o Leste:
Toque sua testa e diga **Atoh (á-tó)**
Toque seu coração e diga **Malkuth (mal-kút)**
Toque seu ombro direito e diga **Ve-Geburah (vê-gê-bú-rá)**
Toque seu ombro esquerdo e diga **Ve-Gedulah (vê-gê-dú-lá)**
Toque seu coração e diga **Le-Olam (lê-ô-lum)**
Aponte a adaga simbólica para si e diga **Amen (Amém)**

BANIMENTO

Com seu braço estendido e ainda voltando-se para o Leste:
Trace o pentagrama de banimento da Terra e vibre **YHVH (iód-hé-vau-hé)** enquanto você enfia sua adaga simbólica no coração do pentagrama.

Com seu braço ainda estendido, volte-se para o Sul:
Trace o pentagrama de banimento da Terra e vibre o nome **ADONAI (a-do-noi)** enquanto você enfia sua adaga simbólica no coração do pentagrama.

Com seu braço ainda estendido, volte-se para o Oeste:
Trace o pentagrama de banimento da Terra e vibre o nome **EHIEH (e-hai-iai)** enquanto você enfia sua adaga simbólica no coração do pentagrama.

Com seu braço ainda estendido, volte-se para o Norte:
Trace o pentagrama de banimento da Terra e vibre o nome **AGLA (a-gu-la)** enquanto você enfia sua adaga simbólica no coração do pentagrama.

Com seu braço ainda estendido, torne a voltar-se para o Leste, completando o círculo. Agora imagine-se rodeado por um Círculo Flamejante de quatro Pentagramas.

Erga-se ereto com os braços abertos, formando a figura de uma Cruz.

Diga:
À minha frente, **Rafael**
Atrás de mim, **Gabriel**
À minha direita, **Miguel**
À minha esquerda, **Auriel**

Depois diga:
À minha frente **flameja o Pentagrama**
Atrás de mim **brilha a estrela de seis raios**

FINALIZAÇÃO

Finalize repetindo a Cruz Cabalística:

Toque sua testa e diga **Atoh (á-tó)**
Toque seu coração e diga **Malkuth (mal-kút)**
Toque seu ombro direito e diga **Ve-Geburah (vê-gê-bú-rá)**
Toque seu ombro esquerdo e diga **Ve-Gedulah (vê-gê-dú-lá)**
Toque seu coração e diga **Le-Olam (lê-ô-lum)**
Aponte a adaga simbólica para si e diga **Amen (Amém)**

MADRAS® Editora — CADASTRO/MALA DIRETA

Envie este cadastro preenchido e passará a receber informações dos nossos lançamentos, nas áreas que determinar.

Nome _____
RG _____ CPF _____
Endereço Residencial _____
Bairro _____ Cidade _____ Estado ____
CEP _____ Fone _____
E-mail _____
Sexo ❏ Fem. ❏ Masc.   Nascimento _____
Profissão _____ Escolaridade (Nível/Curso) _____

Você compra livros:
❏ livrarias   ❏ feiras   ❏ telefone   ❏ Sedex livro (reembolso postal mais rápido)
❏ outros: _____

Quais os tipos de literatura que você lê:
❏ Jurídicos   ❏ Pedagogia   ❏ Business   ❏ Romances/espíritas
❏ Esoterismo   ❏ Psicologia   ❏ Saúde   ❏ Espíritas/doutrinas
❏ Bruxaria   ❏ Autoajuda   ❏ Maçonaria   ❏ Outros:

Qual a sua opinião a respeito desta obra? _____
_____

Indique amigos que gostariam de receber MALA DIRETA:
Nome _____
Endereço Residencial _____
Bairro _____ Cidade _____ CEP _____

Nome do livro adquirido: *A Goetia Ilustrada de Aleister Crowley*

Para receber catálogos, lista de preços e outras informações, escreva para:

MADRAS EDITORA LTDA.
Rua Paulo Gonçalves, 88 – Santana – 02403-020 – São Paulo/SP
Caixa Postal 12183 – CEP 02013-970 – SP
Tel.: (11) 2281-5555 – Fax.:(11) 2959-3090
www.madras.com.br

MADRAS® Editora

Para mais informações sobre a Madras Editora,
sua história no mercado editorial
e seu catálogo de títulos publicados:

Entre e cadastre-se no site:

www.madras.com.br

Para mensagens, parcerias, sugestões e dúvidas, mande-nos um e-mail:

marketing@madras.com.br

SAIBA MAIS

Saiba mais sobre nossos lançamentos,
autores e eventos seguindo-nos no facebook e twitter:

@madrased

/madraseditora